Intuición

Intuición

Conocimientos y Técnicas Para el Desarrollo
de Percepciones Extrasensoriales

Marco Cattaneo GOTAM

Claudia Marchione CAMDA

Dedicado a ti que estás leyendo y a mí que he escrito, porque por una vez, en nuestro viaje de crecimiento, hemos elegido dedicar tiempo a la persona más importante que existe: nosotros mismos. Y en esta ocasión, nos comprometemos a mirar hacia adentro en lugar de hacia afuera.

Premisas (Marco Cattaneo)

Cuando Claudia, que ha estado asistiendo a mis grupos de meditación durante algunos años, me pidió un poco de tiempo para hablar sobre la intuición, no pude resistir la tentación de grabar nuestra conversación y hacer este libro.

En la mayoría de los casos, cuando se habla de percepciones extrasensoriales, la gente atribuye esta facultad a dos tipos de personas: charlatanes o médiums nacidos con una sensibilidad especial. Escribí este libro para desmentir el mito de que la intuición está reservada para unos pocos elegidos y para enseñar a cualquiera que desee desarrollar esta maravillosa facultad las herramientas fundamentales para lograrlo.

No puedo decir que haya nacido con clarividencia. Hasta los veinticuatro años, siempre fui muy racional y científico en mi enfoque de la vida y, quizás por esta razón, tuve que aprender a través del entrenamiento tenaz a tener en cuenta mis percepciones superiores, desarrollando esta habilidad día tras día.

Después de más de una década de práctica, tuve la oportunidad de condensar mi experiencia en este pequeño volumen para ayudar a los curiosos y a aquellos que notan percepciones no convencionales a conocerlas y utilizarlas conscientemente.

La intención no es crear una obra completa sobre el tema, sino proporcionar ejemplos y sugerencias que puedan permitir al lector sintonizarse mejor con una dimensión particular de su ser y abrir la mente.

Claudia, que con sus preguntas me acompañó en este viaje, ya conocía los fenómenos que leerás. Sin embargo, también sabía que se puede obtener fácilmente una evolución extraordinaria adquiriendo información sobre estos temas.

Las palabras moldean la mente y la percepción, mientras que enfocarse en esta facultad cambia completamente el juego de la vida.

Al leer preguntas y respuestas sobre la intuición, experimentarás tú mismo un cambio.

Así como soy profesor de meditación y mindfulness, también he estado involucrado en la hipnosis y la comunicación inconsciente durante mucho tiempo.

Permíteme que mis palabras acaricien tu ser profundamente y obtendrás beneficios interesantes.

Para mantener inalterada la efectividad de las sugerencias y las historias que siguen, he elegido conservar la estructura original y la informalidad del estilo. Acepta el hecho de que algunas formas lingüísticas pueden no seguir estrictamente las reglas gramaticales y de que haya tomado algunas "licencias poéticas". Esto también forma parte del juego.

A diferencia de lo que comúnmente se piensa, la mente humana aprende mucho más fácilmente de manera no secuencial. Abandona el intento de seguir el hilo lógico de los asuntos y permite que esta nueva competencia tome forma, fragmento a fragmento.

No te esperes un tratado científico: no es posible comprender plenamente la intuición de manera racional, mientras que es necesario experimentarla concretamente en la propia vida para beneficiarse de ella. Decidí limitar la longitud de este texto para que fuera más accesible para cualquiera.

Este manual debe ser leído una primera vez, de principio a fin, para que la información contenida en cada capítulo pueda sedimentarse y construir los presupuestos para lo que sigue. Las consultas posteriores pueden proporcionar ideas, profundizaciones y ejercicios para el desarrollo de las percepciones extrasensoriales.

Lee despacio, porque llegar al final sin haber disfrutado el viaje sería realmente una lástima.

Cada vez que encuentres el símbolo del ojo de Ra (por ejemplo, al final de esta página), haz una pausa de unos segundos y deja que la información adquirida se sedimente. Cuando no entiendas completamente el significado de una frase, continúa leyendo, porque encontrarás cada explicación un poco más adelante.

Claudia, además de haber asistido a mis seminarios durante años, también es graduada en Lenguas, por lo que se encargó ella misma de la edición y revisión final de este libro.

¡Buena lectura, pero sobre todo buena visión!

No-Prólogo (Claudia Marchione)

Hace algunos años, me acerqué a la meditación por necesidades personales y, después de un comienzo tímido, continué tenazmente (y probablemente seguiré para siempre) porque al meditar, vi que yo misma estaba cambiando. Mientras yo cambiaba, el mundo también cambiaba conmigo.

Podría extenderme contando quién era, adónde quería ir y quién soy ahora... pero la verdad es que cada uno de nosotros tiene su propia historia, motivaciones y pensamientos. Y los tuyos son los que realmente importan.

Por mi parte, solo era una chica curiosa que nunca se había conformado con las explicaciones de los adultos, porque su mundo siempre le había parecido más variado y colorido de lo que querían hacerle creer.

Quién sabe por qué, en ciertos momentos de la vida, se siente la llamada a hacer algo diferente, a encontrar con todos los medios posibles las respuestas a las preguntas que zumban en la cabeza desde hace tiempo... Como Alicia en el País de las Maravillas que persigue al Conejo Blanco en su madriguera, se tiene la certeza de que hay que ir hasta el final para descubrir la maravilla que nos espera.

Siempre he sido una persona aparentemente extrovertida, pero con una coraza muy gruesa y poca confianza en los demás. Siempre he tenido percepciones "inusuales", pero durante mucho tiempo no me pregunté de dónde venían. Hasta que en un momento de la vida comencé a sufrir inexplicables problemas de salud y entendí que la única forma de desenvolverme en el mundo ahí afuera era descubrir quién era realmente adentro.

No tenía ni siquiera treinta años cuando propuse por primera vez a Marco, mi maestro de Reiki y Meditación, dedicar un poco de tiempo a una conversación sobre la intuición y las nuevas percepciones que, a través de mi camino, estaba experimentando cada vez con más frecuencia.

No me esperaba que hablar de intuición significara espiar por la cerradura de un universo tan fascinante. No solo encontré una explicación a las sensaciones que de vez en cuando afloraban dentro de mí, sino también una nueva forma de ver un mundo del que antes no conocía la existencia.

Marco enseña disciplinas que te ayudan a darte cuenta de quién eres y cómo funciona realmente el mundo que te rodea. Es una persona sedienta de conocimiento y siempre en busca de nuevas herramientas, sabe explicar con palabras simples temas complejos y es capaz de conducir viajes dentro y fuera de sí mismo.

Elegí hacerle mis preguntas porque creo que la verdad surge de una curiosidad insaciable y que la mejor forma de enseñar es aprender primero cosas nuevas cada día.

A través de mis entrevistas – realizadas entre 2014 y 2015 – traté de hacer surgir el punto de contacto entre la razón y el sentimiento, entre el mundo que percibimos y la realidad, entre las máscaras que mostramos y lo que somos realmente.

En este viaje, que he dirigido y vivido, he aprendido lo importante que es apartar el pensamiento y dejar espacio a lo que se siente profundamente.

Espero (y te deseo) que este libro sea solo el comienzo de un camino emocionante de descubrimiento.

La intuición puede transformar la vida para mejor: ver para creer.

N.B. Todo el libro se desarrolla en forma de entrevista. Para facilitar la lectura, las preguntas y comentarios del narrador se han escrito en VERSALITAS.

Capítulo 1

«HOLA MARCO, GRACIAS POR HABER ACEPTADO RESPONDER ALGUNAS PREGUNTAS SOBRE LA INTUICIÓN. ME GUSTARÍA MUCHO PROFUNDIZAR EN ALGUNOS ASPECTOS DE ESTE TEMA FASCINANTE.»

«Hablar de intuición (y divulgar información normalmente reservada a través de este libro) me divierte mucho y me ofrece la posibilidad de compartir un largo viaje que ha traído mucha maravilla a mi vida.»

«EMPIEZO PREGUNTÁNDOTE: ¿QUÉ ES EXACTAMENTE LA INTUICIÓN?»

«La intuición es la facultad a través de la cual podemos acceder a información que reside en una dimensión de tiempo y espacio diferente a la que estamos experimentando actualmente. Es la habilidad que nos permite percibir más allá de los cinco sentidos y acceder de manera no lineal al pasado o al futuro.

La intuición es la figura complementaria a la racionalidad, la media naranja del pensamiento lógico.»

«¿QUÉ ENTIENDES CON "IR MÁS ALLÁ DE LOS CINCO SENTIDOS"?»

«Estamos acostumbrados a vivir, percibir la realidad, relacionarnos con otras personas y recolectar información a través de la vista, el oído, el olfato, el gusto, el tacto y procesar esta información internamente después.

La intuición es el llamado sexto sentido, "un canal" que muchas personas utilizan, aunque no saben exactamente qué es ni cómo funciona. A menudo, ignoramos algunas percepciones extrañas que llegan a nuestra mente, rechazamos una explicación concreta de su presencia. Cuando esta información encuentra correspondencia con eventos reales, etiquetamos lo ocurrido como "casualidad".

Entrenando de manera consciente el uso de esta facultad, se puede comprender su naturaleza y aprender a usarla a nuestro favor.

Podríamos usar como sinónimos de intuición las palabras "clarividencia" y "clariaudiencia", términos que se encuentran en antiguas escuelas esotéricas, en numerosas filosofías o religiones y que ahonda las raíces de su significado en la naturaleza misma del ser humano.

Este es un aspecto importante que quiero destacar: cuando hablamos de intuición, clarividencia o percepciones extrasensoriales nos referimos a una parte de la naturaleza de cada ser humano, a una posibilidad disponible para cada persona.

Mientras que algunos están más acostumbrados a vivir esta posibilidad y a dejar libre esta facultad, otros simplemente son inconscientes de tenerla (debido a la educación recibida o su grado de conciencia de sí mismos).»

«¿ENTONCES ME ESTÁS DICIENDO QUE LA INTUICIÓN ESTÁ AL ALCANCE DE TODOS? O QUIZÁS HAY PERSONAS PARTICULARMENTE DOTADAS QUE NACEN CON ESTE "DON"...

¿REALMENTE ES ALGO QUE SE PUEDE DESARROLLAR?

SE ME OCURRE LA FRASE "ESTE ES MI CARÁCTER, ASÍ SOY YO", MUY A MENUDO PRONUNCIADA PARA JUSTIFICAR LA PRESENCIA O LA AUSENCIA DE UNA DETERMINADA CARACTERÍSTICA DE UNO MISMO.

LAS PERSONAS QUE NO RECONOCEN EN SÍ ESTA FACULTAD, DIFÍCILMENTE ACEPTAN QUE PUEDAN DESARROLLARLA.»

«No es fácil distinguir lo que nos caracteriza desde el nacimiento de lo que aprendemos posteriormente, lo que pertenece a nuestra naturaleza desde siempre en comparación con lo que nos convertimos al crecer y recibir educación.

Como sabemos, nuestra personalidad y nuestro carácter se desarrollan desde los primeros años de vida y las experiencias emocionalmente significativas que nos ocurren influyen sobre ellos.

Observando cuidadosamente a niños de tres o cuatro años, notamos comportamientos que a nuestros ojos son "raros" en cuanto a la percepción de la realidad que les rodea: ¿cuántos hablan con amigos imaginarios, por ejemplo?

Si, en cambio, miramos a un adolescente o un joven adulto, ciertos comportamientos se han perdido fundamentalmente.

La educación que recibimos (y que deberíamos llamar más apropiadamente condicionamiento) nos permite dejar libres sólo ciertos rasgos de nuestro ser. En la última década, la epigenética ha explicado muy bien cómo nuestros propios genes pueden ser "activados" o "desactivados" por condiciones ambientales y emocionales (no es tan importante, por lo tanto, si una característica genética está presente o no, sino es fundamental notar si se activa o queda inexpresada).

Además de las predisposiciones y expresiones genéticas, nuestro cerebro aumenta las áreas que utilizamos más y nuestra mente utiliza los "esquemas" y procesos cognitivos a los que nos acostumbramos más.

Es científicamente evidente que el ser humano es un devenir continuo. Todavía conocemos poco acerca de nuestra naturaleza y normalmente solo expresamos una parte de ella.

La intuición no está conectada con la parte lógica y racional del cerebro, sino con la creativa.

Debido a todo lo que acabo de explicar, algunos encuentran más fácil vivir esta facultad, mientras que otros han aprendido a limitarla y no prestarle atención (y por lo tanto necesitan volver a descubrirla).

La intuición ciertamente forma parte de nuestra naturaleza, es una "funcionalidad" superior de nuestra mente, conectada con el hemisferio derecho del cerebro.

Reconocer la llamada dominancia de los hemisferios es importante para comprender por qué algunas personas son aparentemente más intuitivas que otras.

En general, se puede afirmar que el hemisferio izquierdo del cerebro es "el ingeniero": además de estar especializado en procesos lingüísticos, es más competente en procesos secuenciales y en la percepción-gestión de eventos que se suceden en el tiempo (como la concatenación lógica del pensamiento). En otras palabras, el cerebro ingeniero es más calificado en la percepción analítica de la realidad.

El hemisferio derecho, en cambio, es el "poeta intuitivo", más especializado en el procesamiento visual y en la percepción de imágenes, en su organización espacial y en la interpretación emocional. En resumen, al cerebro poeta corresponde la percepción global y compleja de los estímulos.

Podríamos comparar la intuición con el "pensamiento lateral" del psicólogo Edward de Bono: si nuestra mente analítica es capaz de llevar a cabo un razonamiento lineal, la intuitiva puede juntar y gestionar información de manera completamente diferente, fuera de los límites de causa-efecto y espacio-tiempo.»

La intuición es una facultad que pertenece a todo ser humano, algunos simplemente tienen que volver a aprender a utilizarla.

Capítulo 2

EN MI CAMINO DE CONCIENCIA CON LA MEDITACIÓN, HE TENIDO LA OPORTUNIDAD DE EXPERIMENTAR PERCEPCIONES FUERA DE LO ORDINARIO EN VARIAS OCASIONES, PORQUE CUANDO CIERRAS LOS OJOS Y TE ESCUCHAS A TI MISMO (LIMITANDO LA PERCEPCIÓN SENSORIAL DEL MUNDO QUE TE RODEA), DE REPENTE ALGO MÁS GRANDE PUEDE OCURRIR.

AL EXPERIMENTAR LA INTUICIÓN, EMPEZAMOS A ABRIR LA MENTE Y EL CORAZÓN A LO QUE ANTES CONSIDERÁBAMOS IMPOSIBLE.

QUERÍA PREGUNTARLE A MARCO MÁS INFORMACIÓN SOBRE LA CLARIVIDENCIA PORQUE, NO SÉ TÚ, PERO YO ESTOY MUY CURIOSA ACERCA DE ESTE TIPO DE FENÓMENOS.

«ANTES HABLASTE DE CLARIVIDENCIA, COMO SINÓNIMO DE INTUICIÓN. ENTONCES, ¿SON LO MISMO? ¿QUÉ SON PRECISAMENTE LA CLARIVIDENCIA Y LA CLARIAUDIENCIA?»

«La clarividencia es la componente visual de la intuición, la percepción de imágenes o películas dentro de nuestra mente. No estoy hablando de lo que percibimos con los ojos físicos, del canal visual que recopila información del exterior, sino de una percepción "mental".

Mientras que la intuición es generalmente la facultad de acceder a información fuera de los límites de tiempo y espacio, la clarividencia es la recepción visual interior de esa información.

Las antiguas filosofías hablan también de clariaudiencia, es decir, la capacidad de escuchar en nuestra cabeza, a través del canal auditivo, información percibida intuitivamente.

Existen también personas clarisintientes, que experimentan la intuición a través del tacto, el olfato o el gusto. Podemos percibir cenestésicamente algunas informaciones intuitivas, teniendo simplemente la sensación de saber.

Todos estos tipos de percepción son de igual manera extrasensoriales y, en algunos casos, se generalizan con el término clarividencia, que puede convertirse en sinónimo de intuición.

Cuando has vivido realmente un cierto evento o has estado presente en una situación, si lo piensas, puedes recordar la sensación y saber cómo lo has experimentado.

Podemos reconocer una intuición por una sensación similar: sabemos que algo "es verdad", pero no cómo esa información llegó a nosotros.

Un canal sutil, privilegiado en comparación con los sentidos que nos conectan con el mundo externo, transporta información directamente a la conciencia.»

A PESAR DEL ENCANTO QUE EL TEMA SIEMPRE HA DESPERTADO EN MÍ, NO PUDE EVITAR ENFRENTARME CON UN ESCEPTICISMO GENERALIZADO SOBRE EL TEMA.

ASÍ QUE PENSÉ EN HACER DE "ABOGADO DEL DIABLO" Y PONER A PRUEBA A MARCO PARA ENTENDER QUÉ PENSABA AL RESPECTO.

«CUANDO ALGUIEN HABLA DE CLARIVIDENCIA, EN TODA SINCERIDAD, ME VIENEN A LA MENTE ESOS PROGRAMAS NOCTURNOS QUE LLENAN LA PARRILLA DE PEQUEÑAS TELEVISIONES PRIVADAS, COMO "CONSULTAS GRATIS EN DIRECTO" O "ALEJA EL MAL DE OJO"... Y, AUNQUE HE TENIDO EXPERIENCIAS DIRECTAS DEL FENÓMENO INTUITIVO EN MIS AÑOS DE PRÁCTICA MEDITATIVA, EL TEMA TODAVÍA ME PARECE UN POCO EXTRAÑO.»

«Puedo comprenderte muy bien» EMPIEZA MARCO, MIENTRAS SONRÍE.

«Muy a menudo, pienso en la persona que era hace quince años.

Solo para ayudarte a entender de qué estoy hablando: dirigía una empresa informática que operaba a nivel nacional, definía sus procesos, pasaba mis días interactuando con desarrolladores de software e ingenieros, yo mismo tenía un enfoque extremadamente científico, racional y cuadrado.

Mi hemisferio derecho todavía estaba muy, muy adormecido cuando vivía esa vida.

Aún ahora, soy muy eficiente utilizando la mente racional y entiendo lo absurdo que puede sonar, al principio, un tema como este.

De todos modos, las personas escépticas se dividen en dos grupos: los escépticos obtusos y los inteligentes. Las personas escépticas obtusas son aquellas que, cuando entran en contacto con una información nueva, la rechazan de antemano por mentalidad cerrada. Las personas escépticas inteligentes, por otro lado, reconocen una novedad y deciden suspender el juicio para recopilar información y comprender si esa novedad puede dar un nuevo sentido a la vida.

¡Superar los límites de lo que ya conocemos a menudo nos lleva a la maravilla y el asombro!

Yo mismo animo a un sano y inteligente escepticismo, no a la fe incondicional. No creas que la intuición existe. Date la oportunidad de experimentar y verificar efectivamente si puedes recopilar información más allá de los cinco sentidos físicos, aunque la ciencia, a pesar de haber utilizado esta facultad en su propio beneficio, aún no la haya explicado completamente.

¿Hay algún aspecto especial sobre la intuición que pique tu curiosidad o te intrigue?

Es hora de profundizar, de comprender mejor cómo darle un sentido real a todo esto.

Esa vida ya es agua bajo el puente, pero no puedo decir que haya cambiado de opinión de la noche a la mañana o que haya atravesado algún tipo de "despertar espiritual" mágico. Simplemente he aprendido a dejar espacio para la otra mitad de mi cerebro y a abrir mi mente.

Precisamente porque fui tan racional y cuadrado, siempre he tratado de entender y paradójicamente esto me ha ayudado mucho. He estudiado al ser humano y a la mente por más de una década: me he especializado en neurociencias, he profundizado en textos de medicina y anatomía, analizado los mecanismos que guían nuestra percepción, he aprendido Programación Neurolingüística e Hipnosis en la mayoría de sus formas y aplicaciones (incluyendo terapéuticas), conozco el impacto de la comunicación en la psicología humana y he abordado el tema de la intuición desde el punto de vista más escéptico posible.

Y al final, he tenido que rendirme.

Me doy cuenta de lo absurda o inexplicable que puede parecer la intuición al principio y entiendo bien que una palabra como clarividencia puede evocar personajes un poco "curiosas" (una combinación de animadores, gurús y charlatanes).

Reconozco que no es fácil comprender la naturaleza de este "milagro" de inmediato. Es totalmente normal: cuando intentamos dar una explicación a la intuición "racionalizando", estamos usando esa parte del cerebro que nada tiene que ver con la intuición en sí.

Hay un momento en el que te das cuenta de que debes decidir abandonar la necesidad de entender y empezar a sentir la intuición.

Si te sirve de consuelo, así como a la mente racional le cuesta trabajo comprender la creativa-intuitiva, también la creativa-intuitiva no puede explicarse la racional», MARCO SE DEJA LLEVAR POR UNA RISA ESTRUENDOSA.

«En el momento en que decides bajar el volumen de la mente crítica, calmar esos procesos de pensamiento que utilizamos para juzgar y entender, y comenzar a usar la otra parte de la mente, es entonces cuando comienzas a tener una comprensión diferente y a percibir ese canal privilegiado de contacto con la realidad.»

Capítulo 3

«¿CÓMO EXPLICARÍAS LA DIFERENCIA ENTRE ENTENDER DE MANERA ANALÍTICA Y PERCIBIR CON LAS SENSACIONES?»

«Cuando las personas leen un libro, pasan las páginas, enfocan sus ojos en las palabras y las pronuncian en su cabeza. Básicamente, sus ojos captan el estímulo visual, fotografían las palabras delante de ellos y proyectan esta información en la corteza visual (una especie de pantalla en la parte posterior de nuestro cerebro). Luego, cómo la mayoría de nosotros aprendemos a leer en voz alta en la escuela, el diálogo interno produce el sonido de las palabras que tenemos delante. Repetimos mentalmente lo que leemos con los ojos, palabra por palabra.

Date cuenta de este proceso justo en este momento mientras estás leyendo.

Sin embargo, ¿cómo sabemos el significado de las palabras que leemos?

Sé que puede parecer una pregunta extraña, pero piénsalo. ¿Cómo sabes que una palabra significa una cosa concreta?

Nuestra mente es realmente fascinante y oculta muchos secretos. Estamos acostumbrados a usarla principalmente de ciertas maneras, pero debemos ser conscientes de muchos de los procesos que ocurren en su interior y de las potencialidades laterales que la caracterizan.

El proceso de lectura se lleva a cabo en varias fases diferentes. Propongo esta analogía porque se vuelve fácil de entender: tenemos que recolectar información de tipo visual, volver a escuchar la voz en nuestra cabeza y luego comprender.

La comprensión efectiva de lo que leemos ocurre a través de la sensación que sentimos dentro de nosotros.

Si leo una palabra escrita, por ejemplo "CASA": primero veo la palabra "CASA", luego me repito la palabra "CASA" en mi cabeza y mi mente genera una sensación que me permite conocer su significado.

Lo que sientes dentro de ti es el significado real que le das a la realidad.

Cuando llega una intuición, tenemos la sensación de saber algo, aunque falta completamente el proceso visual o auditivo que nos permitió recopilar esa información del mundo exterior. Sentimos algo sin saber cómo o de dónde ha llegado.

Cuando comienzas a poner en juego esta sensibilidad en las relaciones y en la vida, puedes empezar a entenderla mucho más.

Normalmente estamos acostumbrados a usar los cinco sentidos para recopilar información porque nuestra conciencia está más en contacto con esta dimensión de la realidad (y así nos educaron). Pero hay otros canales que transportan un flujo de realidad paralelo a nuestra mente.

Aunque nuestra forma común de pensar no comprende una facultad como la clarividencia y la etiqueta como "cosas de charlatanes", todos vivimos momentos y situaciones en los que algunas informaciones llegan inexplicablemente a nuestra mente.

Es natural para nuestro intelecto tratar de entender todo.

En la antigüedad, cuando alguien vivía situaciones que no podía explicar, fácilmente las atribuía a una divinidad o a la magia. Nosotros mismos, hoy en día, tendemos a hacer lo mismo y, aún más simplemente, las llamamos "casualidades".

Nací en 1983 y hoy tengo treinta y nueve años. Crecí en una sociedad permeada del método científico, de una visión racional del ser humano y, gracias a esto, pude relacionar la investigación científica sobre la anatomía humana con la facultad de la intuición.

Desafortunadamente, todavía no disponemos de una demostración completa de qué es la intuición, aunque se han realizado muchas investigaciones y experimentos al respecto.

Se habla mucho de esta facultad porque es realmente muy difícil negar en nuestro corazón que exista una dimensión no visible en nuestra naturaleza.

La ciencia médica ha considerado durante siglos al ser humano como una máquina biológica, casi un robot compuesto de sistemas que interactúan entre sí. Y sin embargo, cada uno de nosotros siente que tiene un alma, sabe que es algo más que una máquina (aunque no somos capaces de explicarlo científicamente).

A pesar de haber recibido una educación religiosa desde los primeros años de mi vida, y de haber siempre lidiado con la espiritualidad y con un elemento trascendental o divino, hasta cierto punto de mi vida la racionalidad indudablemente prevaleció.

Cuando empecé a desarrollar conciencia de mí mismo y de la vida, a darme cuenta de lo que pasaba delante de mis ojos cada día (y de muchos eventos inexplicables desde el punto de vista racional), entonces empecé a dudar de mis certezas.

La propia ciencia sabe tan poco de nuestro cerebro, casi nada de lo que llamamos "mente" y de los mecanismos que la dirigen.

La mente y el cerebro son dos cosas muy distintas: el cerebro es el órgano que está en nuestra cavidad craneal; la mente, en cambio, es algo indefinido que estamos acostumbrados a sentir dentro de la cabeza, pero que sabemos que se refiere a la conciencia y al alma.

Cuando empecé a dejar abierta la posibilidad de que algo más allá de lo racional existiera, algunas de las facultades que ya tenía, algunos de los eventos quizás un poco curiosos que ya se presentaban, comenzaron a adquirir un significado claro.

Así que comencé mi viaje en la exploración de la intuición y el entrenamiento de esta facultad perceptiva me ha dado infinitas satisfacciones.

Más allá de todo lo que acabo de decir, también estoy convencido de que algunos "videntes" utilizan la imaginación en lugar de la intuición. Esto puede ser útil para reconocer aún más claramente lo que es intuición y lo que es *charlatanismo*.»

Ejercicio 1: Reconocer la estructura del pensamiento, los recuerdos y las intuiciones

En relación a cualquier conocimiento que sepas que tienes (por ejemplo: "el cielo es azul"), hazte la pregunta "¿Cómo sé eso?" y verbaliza tu respuesta en voz alta.

- Cuando la respuesta contiene eventos del pasado, experiencias vividas o percepciones sensoriales, lo que estás analizando no es una información intuitiva. También puedes reconocer un recuerdo o una experiencia vivida por la emoción que el pensamiento conlleva: el recuerdo es de hecho la asociación entre una imagen mental y la sensación-emoción experimentada en el momento en que tuvo lugar el evento.

- Cuando no puedes responder explicando cómo sabes lo que sabes y simplemente eres consciente del pensamiento que atraviesa tu mente, lo que estás analizando es una información intuitiva. También puedes notar que las informaciones intuitivas no están asociadas con emociones (aunque puede pasar que reacciones emocionalmente a la intuición recibida).

Capítulo 4

«Has dicho que tenías un trabajo bastante cuadrado y muy racional, pero que aún así creciste en un entorno con una cultura científica.

¿Hubo un momento en el que algo pasó, que te abrió las puertas a una nueva dimensión?

¿Empezaste a desarrollar esta facultad de la intuición "de la nada" o te acercaste a alguna práctica específica? ¿Cómo ocurrió?»

«Es difícil definir un momento preciso en el que me di cuenta de "tener" la intuición. Creo que es simplemente parte de la naturaleza de cada uno de nosotros (y por lo tanto, también de la mía) desde el nacimiento. Solo tomé conciencia de lo que era, decidí creer en ella y usarla conscientemente.

A nivel inconsciente, recibimos continuamente información del canal intuitivo y la usamos todos los días en la vida. Pero precisamente porque lo hacemos de manera automática, no sabemos cómo puede ocurrir esto.

El primer paso no es comenzar a desarrollar la intuición, sino darse cuenta de que ya la tenemos, comprender lo que pasa en nuestra mente en cada momento.

Uno de los obstáculos fundamentales para la intuición es lo que comúnmente llamamos "estrés", además de un ritmo de vida demasiado rápido en comparación con lo que naturalmente nos corresponde.

Cuando ralentizamos nuestras acciones y pensamientos, podemos comenzar a darnos cuenta más fácilmente de esta facultad. Después de eso, debemos recorrer el camino del entrenamiento y la práctica.

Me di cuenta de tener esta facultad cuando empecé a observar situaciones inusuales a mi alrededor que se repetían con demasiada frecuencia y me dije: "si esta cosa pasa hoy... mañana... mañana de nuevo, tal vez aquí hay un patrón y lo que siempre había considerado como una casualidad podría tener un sentido diferente".

Interesado en la meditación, la hipnosis y los estados de conciencia hace una docena de años, comencé a recolectar explicaciones válidas para desenredar el asunto.

La práctica de la meditación me llevó a través de mi entrenamiento de la intuición: esa facultad creció, porque como muchos aspectos de nuestro carácter (programaciones inconscientes que desencadenan nuestras emociones), puede ser entrenada y mejorada muchísimo.

Muchos ejercicios y prácticas presuponen la intuición y hacen que su uso sea más fácil.»

Capítulo 5

«Por ejemplo, ¿qué prácticas se pueden utilizar para entrenar la intuición, para continuar con tu propio entrenamiento de la intuición, como lo llamas tú?»

«En mi experiencia, la meditación funciona como un láser, concentrando la energía vital en un punto fundamental para la intuición (lo que se llama "tercer ojo" o sexto chakra) de manera que nos permite desarrollar un nuevo grado de visión. En segundo lugar, en mi camino, la práctica constante del Reiki me ha obligado a tener que utilizar la intuición, a bajar el volumen de mis pensamientos, de la mente racional (que trabaja y crea ruido dentro de nosotros la mayor parte del tiempo) y dejar que surja algo más profundo.

El Reiki es una disciplina que permite trabajar en la salud física, mental, emocional y psíquica, canalizando la energía vital a través del corazón y las manos hacia una persona receptora.

Practicar Reiki significa acercar las manos a varios puntos del cuerpo de otra persona, poniendo a disposición más energía vital para que se nutra.

No se requiere ningún "requisito mental", ningún tipo de visualización o proceso racional, sólo estar en contacto y dejar fluir.

No se requiere ninguna acción, sino estar disponible y dejar que ocurra.

Comenzando a practicar Reiki, más que durante la meditación, me encontré calmado en mi mente: practicar Reiki significa mantenerse en contacto profundo con la otra persona, permanecer atento. Es un poco como si cada parte de ti se convirtiera en una antena que puede recibir lo que está a su alrededor.

Mientras mantengo la atención en las sensaciones cenestésicas (es decir, presentes en el cuerpo) y practico Reiki, mi mente recibe imágenes, sonidos y sensaciones de realidades diferentes.

Mis maestros me decían: "mantén la atención en las sensaciones táctiles, este es el aspecto más importante" y al hacerlo, me encontré con imágenes, sensaciones o voces que de alguna manera me permitieron conocer territorios a los que normalmente no tenía acceso.

Practico Reiki con los ojos cerrados, con las manos en contacto con una persona que a menudo no conozco y nunca he visto antes. No le hablo (porque no se requiere ningún tipo de conversación preliminar) pero, permaneciendo en esa posición, recibo información sobre su historia y su vida. A veces tan clara como una película.

Lo interesante es que, al seguir practicando cientos y cientos de tratamientos, viviendo esta forma de meditación y presencia en el Aquí y Ahora, me he dado cuenta de que en mi propia mente había nuevas informaciones y he empezado a preguntarme "¿de dónde vienen?".

El truco ha sido reconocer que algunas informaciones eran diferentes de otras, algunas las percibía provenientes de la mente,» Marco señala una sien «mientras que otras provenían de un canal superior» y, mientras lo dice, señala un punto detrás y encima de la cabeza.

De hecho, una cosa es pensar (es decir, construir imágenes en nuestra mente, a partir de lo que nuestros ojos, oídos, tacto, gusto y olfato llevan dentro de nosotros), otra es percibir lo que se desarrolla a través de la conexión con un campo más amplio.

Una distinción importante se refiere a las impresiones que sentimos: las percepciones intuitivas, a diferencia de los pensamientos-recuerdos, no generan emociones sino sólo la sensación de saber. Si un pensamiento proviene de la experiencia pasada, ha sido asociado a la emoción vivida durante la misma experiencia, mientras que la percepción intuitiva se está presentando dentro de nosotros "por primera vez" y no pertenece a nuestra historia.

Cuando practico un tratamiento Reiki, tengo los ojos cerrados, las escenas de la vida no están delante de mí, sin embargo, llegan a mi cabeza. Con el tiempo, comencé a valorar esta nueva información recibida y a ponerla a prueba.

Así que empecé a preguntarle a las personas que trataba: "¿Estás casado?" si tenía la sensación de que lo estaba. Otras veces fui mucho más específico: "¿Estás casado, tienes tres hijos, uno de los cuales no vive contigo?" o "¿Tienes un hijo que se llama Miguel?"... y cuando me confirmaban, trataba de disimular (para evitar la incomodidad mutua de no saber explicar cómo podía tener esa información).

Con el tiempo, validando continuamente esta información en el mundo real, comencé a desarrollar más seguridad en mi capacidad intuitiva y a darme cuenta de que las percepciones se volvían cada vez más específicas y frecuentes.»

«HAS HABLADO DE MEDITACIÓN Y ESTE TEMA ES DEFINITIVAMENTE FAMILIAR PARA MÍ, YA QUE HE ESTADO PRACTICANDO DURANTE ALGUNOS AÑOS, PERO LA MAYORÍA DE LAS PERSONAS APENAS HA OÍDO HABLAR DE ELLO. ¿PODRÍAS PROFUNDIZAR EN EL TEMA?»

«La puerta del templo del Oráculo de Delfos llevaba la inscripción "Conócete a ti mismo", y esta es la clave para una vida plena, rica y satisfactoria.

¿Qué es la meditación?

La meditación, en todas sus formas, es una herramienta extraordinaria para transformar nuestra vida, derribar las estructuras innecesarias construidas sobre nuestro verdadero ser y, en última instancia, desarrollar la intuición. Es un estado de conciencia que nos conecta con todo lo que es auténtico en nosotros y en la realidad que nos rodea, con el único momento que existe realmente: el momento presente.

Según los estudios del Centro para la Investigación y la Educación sobre el Altruismo y la Compasión de la Universidad de Stanford (dirigido por la Dra. Emma Seppala), a través de la meditación podemos mejorar el funcionamiento del sistema inmunológico y disminuir el dolor físico, aumentar la felicidad y las emociones positivas (reduciendo síntomas depresivos, ansiedad y estrés), mejorar las relaciones sociales, la inteligencia emocional, el autocontrol, la atención y la memoria. También disminuye el aislamiento y aumenta la productividad laboral, la creatividad, la capacidad de pensar fuera de los esquemas y la sabiduría.

En algunos casos, la práctica de la meditación es solo un intento vacío de alcanzar el estado de conciencia homónimo... porque esto requiere tiempo y paciencia, pero al mismo tiempo es un camino de descubrimiento extraordinario. ¡Otras veces, la meditación simplemente ocurre!

Podemos meditar enfocando nuestra atención consciente en la respiración o en un pensamiento "quieto" y específico, en la repetición de un mantra o una oración, en un simple movimiento o en las sensaciones del cuerpo. Podemos conocer la meditación solo a través de la práctica. Por esta razón, cuando recibo a nuevas personas en mis grupos, las animo a practicar de inmediato, antes de cualquier explicación.

La meditación nos conecta con nuestra energía vital y eleva su vibración. ¿De qué estoy hablando? Los chinos hablaban de Chi hace miles de años, los japoneses lo llaman Ki, los indios Prana, en Europa Hermes Trismegistus hablaba de Telesmae y, casi simultáneamente, Hipócrates trataba de la Vis Medicatrix Naturae, Paracelso lo llamaba Munia, Kepler Facultas Furmatrix, Goethe Gestaltung, y Galvani simplemente Energía Vital, Mesmer Magnetismo Animal, von Reichenbach Odic Force y, a medida que nos acercamos a la actualidad, incluso Einstein, Freud, Jung, Steiner, Reich... han hablado de la energía como sustancia que constituye la vida. Todo es energía, incluso nosotros.

La calidad de nuestra energía determina la calidad de nuestra vida: cuanto más se eleva, más nos acercamos a la naturaleza trascendental de la realidad. Hacia lo invisible y la intuición.

Practicar meditación junto con otras personas es lo ideal (la energía individual se suma a la del grupo), pero a menudo uno no tiene suficiente tiempo para hacerlo y los grupos de práctica son escasos en muchas ciudades.

Aprovecho la oportunidad para profundizar aún más en el tema del Reiki. El Reiki es un método para reequilibrar la energía vital de nuestro sistema, influenciando positivamente el cuerpo, la mente y las emociones. Es un camino de evolución espiritual que pasa por la apertura del corazón y la concentración de su energía.

Solo recibir un tratamiento de Reiki de un maestro o de un operador calificado (¡y con experiencia!) permite conocer realmente su naturaleza. También en este caso, no te dejes convencer por lo que se dice, sino permítete sentirlo por ti mismo.»

Ejercicio 2: Meditación Básica "El Poder de la Respiración"

Esta meditación guiada ayuda a permanecer presentes enfocando la atención en la respiración y permite recuperar un estado más natural y consciente. El efecto relajante y regenerativo proporciona claridad y plenitud. Puede repetirse varias veces al día y se sugiere un ciclo de práctica de veintiún días consecutivos.

PREPARACIÓN:

• Adopta la posición "fácil" de Yoga, sentado con las piernas cruzadas de manera natural (alternativamente, siéntate cómodamente en una silla);

• Mantén la espalda recta, con naturalidad;

• Junta el pulgar y el índice, con el dorso de las manos apoyado en las rodillas, los otros dedos abiertos hacia arriba (alternativamente, mantén las palmas de las manos apoyadas en los muslos);

• Mantén los brazos y los hombros relajados.

EJECUCIÓN:

Primera fase (3 minutos):

• Respira, sin esfuerzo y con naturalidad, de manera lenta y profunda;

• El abdomen se expande durante la INspiración, se contrae durante la EXpiración.

Segunda fase (4 minutos):

• Respira, sin esfuerzo y con naturalidad, de manera lenta y profunda;

• Durante la INspiración, primero se expande el abdomen, luego el pecho, llenando "el espacio" hasta las clavículas;

• Durante la EXpiración, primero se vacía la parte superior del cuerpo (clavículas y pecho) y luego el abdomen.

Tercera fase (4 minutos):

• Mantente en contacto con la sensación del aire que entra y sale del cuerpo, asociándole una luz (que se visualiza mentalmente) y escuchando su "ruido";

• Relaciona mentalmente la INspiración con la adquisición de nueva energía;

• Relaciona mentalmente la EXpiración con el dejar ir las tensiones del cuerpo y de la mente;

• Termina aflojando la postura y volviendo en contacto con tu entorno.

Capítulo 6

«VOLVIENDO A LA INTUICIÓN. CUANTO MÁS AVANZAMOS, MÁS ESTA COSA PUEDE PARECER ABSURDA Y FUERA DE LOS ESQUEMAS PARA LOS OÍDOS DE LAS PERSONAS QUE NO SABEN MUCHO AL RESPECTO…»

«Irracional, diría yo», SONRÍE MARCO.

«¡IRRACIONAL, EXACTO! RESPETANDO LA PRIVACIDAD DE LAS PERSONAS INVOLUCRADAS, ¿PODRÍAS CONTAR ALGUNA ANÉCDOTA O COMPARTIR EXPERIENCIAS SOBRE LA INTUICIÓN?»

«Sí, de hecho hay muchas experiencias que contar. Algunas de estas experiencias están relacionadas con mi actividad como operador y maestro de Reiki, instructor de grupos de meditación o coach, mientras que otras son experiencias personales del día a día.

Soy un empresario, administro empresas y, por lo tanto, me ocupo de aspectos logísticos y prácticos para estas empresas. Por supuesto, también tengo una vida social en la que me enfrento a otras personas y, en algún momento, la intuición ha empezado a hacerse un hueco de manera abrumadora.

Para mí, estas situaciones son inequívocamente reales, porque cuando trato a una persona que no conozco y me viene a la mente el nombre de su perro o de sus hijos... no puedo descartar estas percepciones como "casualidades".

Durante un tratamiento, hace algunos años, tuve la sensación de un billete rectangular, amarillo y rojo. Estaba tratando a una persona que nunca había visto antes y le pregunté: "¿Te suena un billete largo y estrecho?" y esta persona me preguntó: "¿Qué quieres decir?", a lo que yo respondí: "Vi un billete rectangular, como lo de un avión" y en ese momento la persona me dijo "tal vez se deba a que trabajo en el Aeropuerto de Fiumicino y manejo muchos billetes todos los días".

Algunas informaciones llegan de manera muy precisa, otras son un poco menos claras y necesitan ser reconectadas a la experiencia individual de la persona para ser comprendidas.

Durante algunos tratamientos, más recientemente, me ha pasado de percibir fuertes problemas en partes específicas del cuerpo. Muy rara vez sugiero a las personas que se hagan un chequeo médico después de tener ciertas sensaciones, pero con una señora sentí que tenía que hacerlo y le diagnosticaron un tumor en el útero pocos días después (que afortunadamente fue tratado con éxito).

Menos frecuentemente tengo percepciones auditivas, pero a veces las palabras o frases me ayudan a dirigir la atención donde más se necesita: al tratar a un colega Maestro Reiki, detecté un problema específico en la próstata (durante la meditación, la palabra "próstata" resonó en mi mente) y poco después, él mismo me confirmó que ya había recibido un diagnóstico crítico sobre la glándula en cuestión.

En algunos casos, la percepción es similar a una película observada con los ojos cerrados: una larga secuencia de escenas me presenta la historia de la persona y conduce a la comprensión de su condición psicofísica.

Uno de los mayores desafíos es no juzgar lo que llega y reportar la información intuitiva de la manera más precisa posible. Con la práctica se aprende a hacerlo con excelentes resultados.

A menudo, la intuición se desencadena por la experiencia emocional que la persona lleva consigo y que puede ser percibida en el campo energético alrededor de su cuerpo: acerco, por ejemplo, las manos al hígado, percibo la ira residual de un trauma pasado y, manteniéndome abierto a recibir, llega a mí la imagen de un padre autoritario que regañaba intensamente a su hijo y el sentido de impotencia que él sentía al no poder reaccionar.

Una chica muy joven a la que traté llevaba consigo un gran "sentido de control". Cuando acerqué mis manos al abdomen, tuve un flashback de su madre que la educaba reprimiendo mucho sus emociones y moderando su tono de voz y gestos.

A veces, la gente se sorprende de que sepa lo que sé, pero en la mayoría de los casos están demasiado ocupados pensando en el contenido de lo que digo como para preocuparse por ello. Podría seguir con muchos relatos... y debo admitir que esta vía rápida hacia otras realidades todavía me fascina muchísimo, incluso después de tanto tiempo.

Afortunadamente, ¡no siempre son malas noticias las que llegan a través de la intuición! Durante un reciente seminario, tres personas diferentes (entre ellas yo) percibimos la figura de una de las participantes acompañada por un recién nacido. Descubrimos en los días siguientes que llevaba intentando tener un hijo con su pareja durante más de dos años. Seis semanas después, ella misma descubrió – ¡esta vez a través de la prueba clásica de embarazo! – que finalmente estaba embarazada.

De vez en cuando, la intuición también me ayuda a mí y no solo a las personas que conozco. En el día a día, dado que los estímulos sensoriales que recibimos del mundo exterior son mucho más fuertes, es más fácil darse cuenta de que se sabe algo sin enterarse de las imágenes mentales (¡no importa cómo la percepción intuitiva nos llegue, podemos aprender a reconocerla a través de diferentes vías!).

Recuerdo una mañana en la que me sentía especialmente centrado e inspirado. Percibía una especie de círculo alrededor de mi frente: la fuerte sensación de que la energía vital había alcanzado un buen nivel. Estaba esperando para recargar mi abono de transporte público de Roma. Tenía la fuerte sensación de que la empleada frente a mí se equivocaría al teclear el costo del abono y pocos instantes después, cuando llegó mi turno, pasó exactamente lo que había intuido. La señorita al otro lado del vidrio había ingresado un número incorrecto durante la transacción.

Manifestaciones intuitivas interesantes pueden ocurrir a través de los sueños. A pesar de haber terminado el bachillerato hace catorce años (en una ciudad a quinientos kilómetros de donde vivo), me ha pasado soñar con mi profesora de Italiano y encontrármela diez días después, por primera vez después de tanto tiempo, en el paseo marítimo cerca de mi antiguo bachillerato.

Cuando se presentan estas situaciones, vale la pena parar un rato y reflexionar sobre ellas. ¿Cuánto puede ser extraordinaria la naturaleza del mundo y de los seres humanos? En más de una ocasión, a pesar de tener una cita en mi agenda, he tenido la clara sensación que no hacía falta ir al lugar acordado (sin saber exactamente el porqué a nivel racional). En estos casos, si no me molesto en verificar por teléfono, me encuentro esperando inútilmente a la persona que debo encontrarme y que se olvida o llega tarde a la cita.

Además de saber reconocer la intuición, *es importante aprender a hacerle caso.*

Al principio no es fácil, ya que la lógica contradice la percepción superior, pero esto es precisamente el mayor desafío: equilibrar la mente racional y la mente intuitiva.

Otro ejemplo clásico (que estoy seguro ha ocurrido al menos una vez a cada uno de nosotros): no había oído de mi amiga Cristina durante más de un año, y mientras trabajaba en mi ordenador, me vino a la mente la imagen de su rostro. Un par de horas más tarde, Cristina me llamó por teléfono para pedirme un consejo.

Habiendo estudiado la mente y las estrategias inconscientes, puedo asegurarte que no se puede encontrar una explicación a esta "magia", si no es trascendiendo los límites de la mente y del cuerpo... mirando *más allá.*

Soy el primero en subrayarlo: estos fenómenos ocurren fuera del dominio de la razón. ¡Te aseguro que vivir estas experiencias en primera persona es aún más asombroso que leerlas en un libro!

Hace algunos años, me presentaron a una persona en una cena de trabajo y tuve inmediatamente la sensación de qué nudo emocional esa persona debía desatar en ese momento de su vida. Después de presentarme y estrecharle la mano, le pregunté de inmediato: "¿Tienes hijos?". Se puso pálida y los ojos se le llenaron de lágrimas, porque había estado tratando de tener hijos sin éxito.

En la vida cotidiana, es mucho más fácil dejar que la intuición llegue, en lugar de "esforzarse por recibir información". Sin embargo, ¡es necesario haberse entrenado!

Antes de comenzar un tratamiento de Reiki, una meditación de grupo o una sesión individual, enfoco mi atención en abrir del canal intuitivo. Esto es más que suficiente, ya que cada mañana medito para ser receptivo y estar presente.

El hecho de que a todos nos haya ocurrido pensar en una persona que no hemos oído en meses y recibir su llamada poco después no se puede explicar estadísticamente. Por eso es necesario fijarse en *donde ocurren este tipo de situaciones y percibirlas con ojos distintos.*»

«Aconsejas que "dejemos ir" y aprendamos a silenciar los pensamientos a través de la meditación. ¿Cuál es la conexión entre la intuición y el pensamiento? Es normal que, incluso cuando medita, ¿una persona tenga pensamientos y los confunda con intuiciones y viceversa? ¿Cuál es la diferencia entre pensar e intuir? ¿Cómo reconoces cuándo un pensamiento tiene origen intuitivo y cuándo es resultado de una reflexión?»

«Pues, para responder a tu pregunta, cualquier persona percibe la existencia de un espacio dentro de su mente, un teatro donde las imágenes, sonidos y voces se agolpan durante la vida. Solo una parte de lo que se representa en ese teatro es intuición.

Estudiando la Programación Neurolingüística, por ejemplo, se pueden comprender mejor los mecanismos que regulan nuestro pensamiento (consciente e inconsciente) y, sobre todo, modificarlos de manera estable.

¿Por qué me enojo al escuchar cierta afirmación? ¿Qué me hace sentir seguro o inseguro en una cierta situación? ¿Cómo tomo decisiones exactamente? ¿Qué me motiva o me detiene? ¿Qué mecanismos desencadenan comportamientos autodestructivos o tóxicos? ¿Por qué no podemos evitar ciertos tipos de personas? ¿Cómo logramos complicar tanto las relaciones personales o laborales?

La explicación siempre está en un condicionamiento neuro-asociativo al que respondemos automáticamente (aunque no nos guste admitirlo), hábitos que se repiten fuera de nuestro nivel de atención. ¿Alguna vez has oído hablar del perro de Pavlov?

El médico ruso Ivan Pavlov tocaba una campana cada vez que el perro comenzaba a salivar cuando había comida. Después de unas pocas repeticiones, incluso en ausencia de comida, el animal reaccionaba salivando al sonido de la campana.

La misma asociación estímulo-respuesta funciona a la perfección en los seres humanos: cuando padres y educadores nos preparan para la vida, nos crean estrategias de acción y de reacción emocional.

Un cierto tono de voz, un gesto o una expresión facial de las personas que nos rodean pueden instantáneamente devolvernos a un estado emocional y hacernos reaccionar en consecuencia.

Con el tiempo, llamamos a estos hábitos "carácter" y "modo de ser", pero estos comportamientos no tienen nada que ver con la intuición. Están conectados, en cambio, a la mente inconsciente y reactiva

Además de los recuerdos (presentes, pasados y futuros) y de esa vocecita en nuestra cabeza que usamos para hablarnos, hay algunas imágenes, sonidos y sensaciones diferentes que no provienen de un proceso de pensamiento condicionado, sino que nos llegan a través de la conexión a un campo superior.

La ciencia está casi llegando a entenderlo (aunque no creo que alguna vez sea una verdad aceptada "universalmente") y me encanta hablarte de ello.

Si utilizas un enfoque científico para comprender el mundo, descubrirás muy pronto que una teoría científica se considera "verdadera" solo hasta que alguien demuestre lo contrario.

¡No hace tanto que la ciencia afirmaba que era el Sol el que giraba alrededor de la Tierra! En la historia hay muchos ejemplos de verdades científicas que se han derrumbado repentinamente bajo el peso de nuevos descubrimientos, de los llamados "cambios de paradigma".

A lo largo de los años, muchos médicos y científicos han asistido a mis seminarios y he tenido la oportunidad de hablar con ellos sobre temas importantes. Al tratar con científicos, te das cuenta de que dentro del mismo paradigma y en la misma época, coexisten muchas opiniones diferentes (todas aparentemente válidas y verificadas, aunque radicalmente en contradicción entre sí).

Es la historia misma de los seres humanos y de sus diferentes puntos de vista.

A lo largo del tiempo, la ciencia se ha desmentido a sí misma innumerables veces: una verdad a los ojos de la física newtoniana puede ser desmentida por la física de las cuerdas (aunque estos dos paradigmas se consideran ambos válidos).

Sin mencionar la psicología. La mayoría de los científicos no la considera una ciencia, aunque en el pensamiento común tiene un amplio reconocimiento. A pesar de esto, seguimos confiando en el método científico porque estamos constantemente en busca de "certezas" y "control". Es la necesidad de seguridad la que nos lleva a creer en lo que parece más cierto.

La física newtoniana (que todavía se estudia en la educación secundaria) es un paradigma completamente revolucionado por la relatividad einsteiniana, que evolucionó posteriormente en la física de las cuerdas y la teoría M.

Este largo preámbulo para decir que mucha de la información que proviene de la ciencia oficial es interesante porque puede ayudarnos a comprender el mundo, pero no necesariamente es "verdadera". ¿Realmente necesitamos una demostración científica para creer y marcar la diferencia?

Me gusta mucho el ejemplo que Lissa Rankin presenta en el libro "La mente como medicina" (recomiendo absolutamente leerlo): cuando un método se utiliza para curar la enfermedad de una persona y le salva la vida, no puede ser considerado una verdad científica, sin embargo... un ser humano todavía está vivo en lugar de estar muerto y esto debe tener algún valor.

Ahora bien, es justo que alguien se ocupe de verificar según el método científico la repetibilidad de procesos, curas y métodos, pero debemos aprender a desarrollar nuestro propio *sentido personal de la verdad*.

La intuición, al igual que la medicina, puede realmente salvar vidas. Por eso estoy muy contento de poder hablar de ello abiertamente.

A través del uso de información intuitiva, podemos evitar el autosabotaje, decisiones inconscientes y mucho dolor, escapar de los límites de la mente cognitiva y de nuestra percepción sensorial fallida.

Nuestros ojos sólo ven dentro de un campo limitado de frecuencias de luz (no podemos ver infrarrojos o ultravioleta, por ejemplo), nuestros oídos solo perciben algunas frecuencias de sonido (no podemos escuchar ultrasonidos), y sin embargo sabemos que existe una realidad más allá de sus límites... pero ¿cómo podemos realmente acceder a ella si nuestros sentidos no nos lo permiten?

Cada ojo tiene un llamado "punto ciego" (donde el nervio óptico se conecta con la retina), pero nuestro cerebro generaliza la imagen que recibe, mezclando los datos de los dos ojos, y nos impide ver un "agujero" en ese punto. Nuestra nariz está técnicamente dentro de nuestro mismo campo visual, y sin embargo no la vemos conscientemente (porque esa información es eliminada por nuestro cerebro).

¿Entiendes lo que quiero decir?

Los toros ven el mundo en blanco y negro, las águilas ven colores que los hombres no pueden percibir (porque sus ojos están compuestos por más fotorreceptores que los nuestros), y el ser humano ve colores que las águilas no captan. ¿Quién de los tres ve los colores tal y como son: las águilas, los toros o los seres humanos? *Todos... o quizás ninguno*, generalmente me contestan.

La óptica, de hecho, nos explica que los colores no son una característica "propia de un objeto", sino el resultado de cómo la luz interacciona con el objeto mismo y con quien lo percibe. Técnicamente, la hierba no es verde, somos nosotros los que la vemos así (porque absorbe todas las ondas luminosas excepto el verde).

A los límites fisiológicos de nuestro sistema perceptivo se suman luego los cognitivos: nuestra mente generaliza, distorsiona y borra la información recibida del mundo allá afuera, filtrando la percepción sensorial a través de nuestras opiniones y a través de lo que consideramos verdadero. Tenemos las llaves del coche delante de los ojos, pero en la prisa por salir de casa no podemos verlas.

Cuando elegimos un coche para comprar y poco después vemos ese modelo específico en cada rincón de la ciudad, no ha cambiado la realidad, ¡sino nuestro enfoque! Nuestra mente consciente puede percibir normalmente una cantidad limitada de estímulos y nuestro enfoque está influenciado por lo que es importante para nosotros y por las decisiones tomadas anteriormente.

Las personas perciben la realidad a través de su propio punto de vista, filtrando los eventos a través de sus creencias y su capacidad personal de percepción.

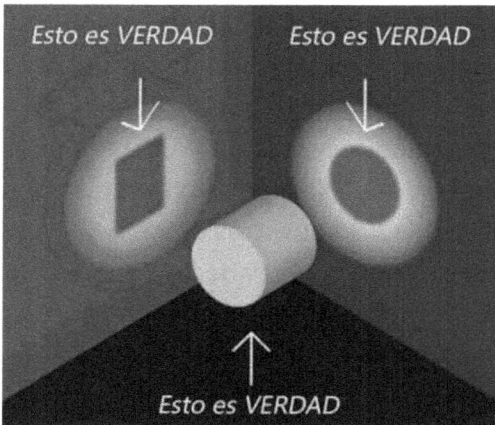

Algo no funciona.

A través de la intuición, superamos los límites de nuestra racionalidad y accedemos a un campo perceptivo mucho más amplio.

Este canal alternativo, que lleva información a nuestra mente, nos permite entrar en un reino que posee reglas diferentes a las de nuestro pensamiento reactivo.

La mente consciente gestiona una pequeña cantidad de información en comparación con la mente inconsciente, que maneja millones de datos en todo momento. Esta distinción es fundamental: debemos identificar algunos procesos que ocurren bajo nuestra atención y otros (la mayoría de ellos, como describe Freud con la metáfora del iceberg sumergido) que están absolutamente lejos de nuestra percepción.

Debemos aprender a ser despiertos frente a lo que ocurre por debajo del umbral de la conciencia compartida. Al igual que nuestra mente inconsciente lleva a cabo procesos emocionales y motores (mantener el equilibrio, conducir un coche o realizar gestos atléticos complejos), elaborando información a través de las reglas aprendidas en la infancia, todo lo que llega a través del canal intuitivo también es gestionado según reglas ya interiorizadas.

Observar la mente nos permite aprender a distinguir entre los pensamientos que al principio parecen fusionarse con las intuiciones.

El pensamiento es algo muy cercano a la intuición, tanto en términos de tiempo como de espacio, ya que ambos ocurren en nuestra mente. Son dos facultades radicalmente diferentes, aunque pueden alimentarse mutuamente (una intuición puede ser útil para un proceso racional, así como algunos razonamientos pueden abrir brecha para nuevas intuiciones).

Podemos notar que mientras es nuestra facultad generar conscientemente el pensamiento, la intuición solo puede surgir.»

Capítulo 7

«Entonces, por cómo hablas, parece que se necesita cierta seguridad para confiar en la intuición... en confiar en lo que una persona siente. ¿Hay una especie de "conciencia" subyacente?»

«En mi experiencia, la confianza en la intuición nació del estudio y la introspección, y creció a través de la experiencia y la verificación de la información recibida.

Filosofías y religiones antiguas han hablado de ella desde siempre, pero la mente individual sólo puede empezar a ver cuando cree (exactamente lo contrario de lo que hace la mayoría de las personas: exigir ver para creer).

A lo largo de los años, me he informado y he integrado prácticas en mi vida que pudieran producir pensamientos intuitivos. He seguido trabajando con personas a través de la intuición y tratando de verificar cualquier información que pudiera llegar a mí.

Además, cuanto más utilizas la intuición, más estarás intrigado y estimulado para incluirla en la vida, en lo que haces y en la forma en que lo haces. Cuando vives utilizando la intuición, adquieres un poder extraordinario: el de gobernar tu realidad, hacerlo con menos errores, tirar menos el dado en las decisiones y adquirir la capacidad de "mirar a través de las paredes".

Me viene a la mente el dibujo animado del Dr. Quantum, el episodio en el que se hablaba de múltiples dimensiones de la realidad (https://got.am/quantum3).

Hay una pequeña criatura redonda, un círculo con ojos y boca, que vive en un mundo en el que solo existen dos dimensiones: puede moverse solo hacia adelante y atrás, a la derecha y a la izquierda. Sus sentidos solo perciben dos dimensiones y en su mundo la palabra "arriba" da mucho miedo (porque nadie sabe exactamente qué significa).

En un momento dado, un ser humano, que vive en un mundo de tres dimensiones, lo toca en el interior de su estómago y él siente una extraña sensación. El ser humano, confundido por la pequeña criatura como una deidad, le dice "estoy por encima de ti, mira arriba" y el pequeño círculo animado se asusta y comienza a temblar, tratando de escapar en una de las direcciones que conoce. "¡No se dice esa palabra! ¡Me da miedo!".

El ser humano, de repente, toma al círculo entre dos dedos y lo *levanta*, haciéndole experimentar la tercera dimensión. La pequeña criatura queda boquiabierta y dice "¡ohhhhh!".

Y así es como funciona también para nosotros: estamos acostumbrados a razonar en tres dimensiones, con el tiempo que fluye linealmente desde el pasado, a través del presente y hacia el futuro. Cualquier alternativa parece absurda y nos da miedo.

Solo a través del sexto sentido podemos escapar de estas limitaciones aparentes y recuperar la capacidad de movernos libremente en nuevos sentidos.

El punto es que nuestra mente no reflexiona mucho sobre lo que hace, sobre sus propios mecanismos. Solo cuando comienzas a usarla para mirarte a ti mismo, algo interesante *empieza a pasar...*»

«Estoy un poco sorprendida de cómo hablas de ello como si fuera algo muy natural y simple.

Para ti es normal, pero ¿cómo puede una persona común acercarse a la intuición y desarrollar cierta conciencia? ¿Existen prácticas o precauciones?"»

«Sí. Hay caminos iniciáticos muy fascinantes para desarrollar la intuición.

Considero que es una facultad natural, también porque tengo amigos y colaboradores que como yo utilizan muy bien la intuición, personas que están reeducando su mente completamente.

El principal enemigo de la intuición es un estilo de vida antinatural, caracterizado por una alta cantidad de estrés. Porque si tienes la percepción de que tu mente trabaja demasiado, que está sobrecargada y que emociones como el miedo están muy presentes en tu vida, no podrás acceder con facilidad a las facultades superiores.

Si hay una luz roja encendida en el tablero, necesitas comprender el mensaje que lleva consigo. El primer paso para liberar la intuición es dejar salir tu ritmo natural de vida, desvincularte de la masa.

La sensación de no poder sustraerte a determinados "deberes" impuestos desde fuera es pura ilusión, una mezcla de miedo y hábito de renunciar a nuestro poder decisional. Cuando elegimos y dejamos espacio para lo que es importante para nosotros, el mundo a nuestro alrededor cambia de forma consecuente y encuentra la manera de proveernos los recursos para obtener lo que deseamos. Incondicionalmente.

Tenemos un miedo terrible de que nuestro jefe no nos dé las vacaciones que necesitamos, de que se oiga nuestra voz, de equivocarnos... o del juicio de los demás.

Sin previo aviso y sin dinero ahorrado, hace cinco años dejé mi trabajo de oficina de la noche a la mañana (muy bien remunerado, además) y elegí construir una vida a mi medida.

Después de decidir hacerlo e instruir a mi inconsciente para que me ayudara a lograrlo, me informaron de que la empresa que dirigía había sido vendida y que, aunque me garantizaban un año de sueldo, el nuevo propietario la haría dirigir por una persona de su confianza.

Así que me invitaron a quedarme en casa, disfrutando de mi sueldo habitual... y de mi nueva libertad.

La semana siguiente recibí 30.000 euros a fondo perdido de la región de Lazio (maravillándome de la increíble sincronicidad), con los que inicié mi primer negocio independiente.

Cuando sientes que debes hacer algo, no necesitas redes de seguridad: tú eres tu misma red de seguridad, porque tienes el poder de crear la realidad que deseas a través de pensamientos, palabras, decisiones y acciones conscientes.

Necesitas coraje (la capacidad de actuar con el Corazón) e intuición.

Realizar su propio "querer" es el único verdadero deber de todo ser humano.

Nunca has probado una de esas canciones que sincronizan los hemisferios cerebrales? Te recomiendo Holosync de Centerpointe Research Institute o las composiciones de J.S. Epperson.

Cuando nuestra mente racional y la intuitiva trabajan en sincronía, entramos automáticamente en meditación, en un estado en el que el espacio y el tiempo tienen un sabor completamente diferente.

En ese estado de mayor presencia, el zumbido del mundo que nos rodea y las preocupaciones se detienen. Los problemas se resuelven solos (o tal vez sería mejor decir que descubrimos que esos problemas nunca existieron).

Cuando estas dos dimensiones de la mente se alinean y se vuelven coherentes, la intuición surge espontáneamente. Comenzar a meditar en el tercer ojo una hora al día no sirve de nada si vives la vida de otra persona, si estás agitado o constantemente preocupado. La información intuitiva llegará, pero no podrás notarla.

Es un poco como si estuvieras corriendo hacia el trabajo con retraso, leyendo un correo electrónico en tu teléfono y escuchando música al mismo tiempo, y un oráculo al lado de la carretera susurrará: "Hoy no debes ir a la oficina, va a pasar un desastre": ¡no podrías darte cuenta de esa voz guía!

Ser consciente es el primer paso, luego hay que tener el coraje de escucharla.

Primero debes encontrar tu centro y tu flujo natural, apaciguar las imposiciones externas y dejar espacio a ti mismo. El contacto con el momento presente y el dominio sobre tus emociones es necesario.

La meditación es definitivamente una práctica muy poderosa para abrir nuestra visión, especialmente la que se enfoca en los chakras.

En la cultura yogui-tántrica – y en la mayoría de las culturas antiguas del mundo – se habla de los chakras (o de centros energéticos de naturaleza similar).

Este término proviene del sánscrito y significa "rueda". Los chakras son puntos energéticos en el cuerpo, cuyo propósito es intercambiar información en varios planos de conciencia.

El concepto de chakra está estrechamente relacionado con nuestra forma de ser. Podemos considerar estas ruedas energéticas como portales a través de los cuales tomamos conciencia de información perteneciente a niveles menos tangibles.

Cada chakra codifica los datos bajo su propia luz específica, permitiendo observar las situaciones de una manera diferente cada vez, como a través de las diversas facetas de un cristal. Aunque están estrechamente relacionados con nuestro cuerpo físico, los chakras no son inmediatamente perceptibles a través de los cinco sentidos, ya que están ubicados en los que se llaman cuerpos sutiles.

Cada chakra está conectado a una parte del cuerpo, a ciertas emociones y determinados aspectos de la vida.

Los chakras también son un puente que conecta al ser humano con el universo en el que vive: cada chakra corresponde a un color, una nota musical, un planeta y ciertos alimentos.»

LOS 7 CHAKRAS SEGÚN LA TRADICIÓN YOGICO-TÁNTRICA.

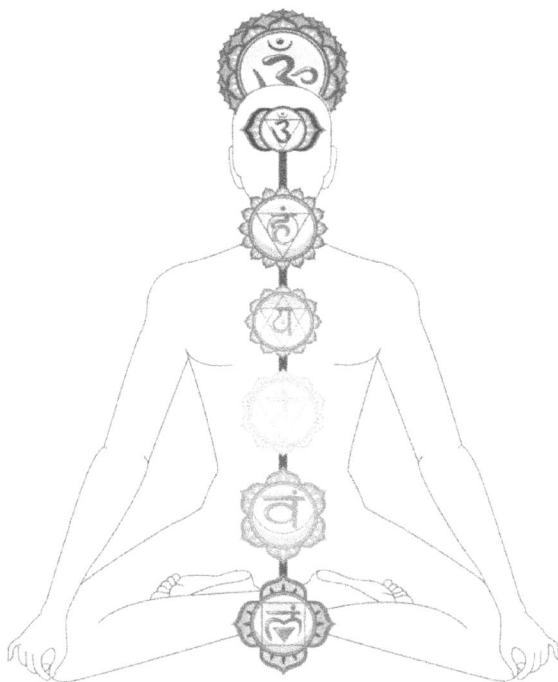

1° chakra: área perianal, conectado al aparato excretor, a los huesos y a la sangre, referente al "enraizamiento en la realidad", a los instintos y a la supervivencia;

2° chakra: área genital, conectado al aparato reproductor, referente a las emociones (entre las cuales la dimensión del placer) y a la sexualidad;

3° chakra: plexo solar (ombligo), conectado al sistema digestivo, referente al ego, al carácter y a la personalidad;

4° chakra: centro del esternón (corazón), conectado al aparato cardiocirculatorio, referente al amor incondicional y al deseo de vivir;

5° chakra: garganta, conectado al aparato respiratorio, referente a la expresión de la propia autenticidad y a la comunicación;

6° chakra: centro entre las cejas, conectado al sistema nervioso central, referente al pensamiento, a la creatividad, a la intuición y a las percepciones extrasensoriales;

7° chakra: coronilla, conectado al sistema nervioso periférico, referente a la espiritualidad y a la unión con todo lo que existe.

«El sexto chakra está relacionado con el pensamiento, la visión, la percepción y la creatividad, se sitúa entre las cejas y es el centro al que se le atribuye la facultad de la intuición. Se encuentra en correspondencia con lo que se llama el "tercer ojo", es decir, la glándula pineal.

Por su naturaleza, un chakra puede ser más fluido o menos fluido, armónico o menos armónico. Un sexto chakra inarmónico se corresponde con el dogmatismo, la hiper-racionalidad, la dificultad de percibir de modo completo la realidad, la arrogancia intelectual, el rechazo de las intuiciones.

La meditación en este punto puede permitir el reequilibrio de las diferentes calidades de la mente y de la percepción, así como la apertura de la visión extrasensorial.»

Ejercicio 3: Meditación Básica

"Chakra y Respiración"

Esta meditación básica guía en la atención y la respiración de cada uno de los 7 chakras. La práctica aumenta el estado vital y favorece el equilibrio de las siete dimensiones del ser. Se sugiere escucharla diariamente, durante un ciclo de práctica de al menos veintiún días consecutivos.

PREPARACIÓN:

- Adopta la posición "fácil" de Yoga, sentado con las piernas cruzadas de manera natural (alternativamente, siéntate cómodamente en una silla);
- Mantén la espalda recta, con naturalidad;
- Junta el pulgar y el índice, con el dorso de las manos apoyado en las rodillas, los otros dedos abiertos hacia arriba (alternativamente, mantén las palmas de las manos apoyadas en los muslos);
- Mantén los brazos y los hombros relajados.

EJECUCIÓN:

- Respira de manera natural, lenta y consciente (es decir, manteniendo contacto con la sensación del aire que entra y sale del cuerpo);

- Respira de manera consciente en el 1er chakra (periné), sintiendo el aire que entra y sale de ese punto hacia la tierra y visualizando mentalmente una luz blanca que entra y sale del cuerpo en el mismo punto;
- Respira de manera consciente en el 2º chakra (área genital), sintiendo el aire que entra y sale de ese punto y visualizando mentalmente una luz blanca que entra y sale del cuerpo en el mismo punto;
- Respira de manera consciente en el 3er chakra (área del ombligo), sintiendo el aire que entra y sale de ese punto y visualizando mentalmente una luz blanca que entra y sale del cuerpo en el mismo punto;
- Respira de manera consciente en el 4º chakra (en el centro del pecho), sintiendo el aire que entra y sale de ese punto y visualizando mentalmente una luz blanca que entra y sale del cuerpo en el mismo punto;
- Respira de manera consciente en el 5º chakra (área de la garganta, base del cuello), sintiendo el aire que entra y sale de ese punto y visualizando mentalmente una luz blanca que entra y sale del cuerpo en el mismo punto;
- Respira de manera consciente en el 6º chakra (área frontal, entre las cejas), sintiendo el aire que entra y sale de ese punto y visualizando mentalmente una luz blanca que entra y sale del cuerpo en el mismo punto;

- Respira de manera consciente en el 7º chakra (en la coronilla), sintiendo el aire que entra y sale de ese punto hacia arriba y visualizando mentalmente una luz blanca que entra y sale del cuerpo en el mismo punto;
- Respira de manera consciente en los 7 chakras al mismo tiempo, visualizando mentalmente una luz blanca que entra y sale de los siete puntos;
- Vuelve a respirar al ritmo natural y quédate en la percepción de tu estado.

«Al estudiar la naturaleza de la glándula pineal, se han observado aspectos interesantes. El nombre "glándula pineal" proviene de su forma: se parece a una pequeña piña. Dentro de esta glándula hay un líquido que tiende a calcificar a partir de los cuatro años de edad y que se decalcifica durante el sueño REM o la meditación.

Dentro de este líquido hay células fotosensibles (¡como las de los ojos!), lo que sugiere que pueden percibir diferentes vibraciones luminosas.

En resumen, entre los dos hemisferios cerebrales hay una glándula que se parece a un ojo, que ve formas de luz que nuestros ojos no pueden ver. Al enfocar la atención en este punto, justo detrás de la frente, se puede decalcificar el líquido de la glándula pineal y mantener abierta la visión intuitiva.

Esta práctica requiere tiempo (diferente de persona a persona) y paciencia. La meditación modifica el cuerpo y dirige la energía vital, mientras que la atención consciente en la información intuitiva permite reeducar el aspecto cognitivo.

Es importante aceptar que la información intuitiva no tiene nada que ver con las dimensiones de espacio y tiempo como las entendemos usualmente.

Es necesario aprender a entrenar el sexto sentido al igual que cualquier otra facultad. Puedo contraer y distender un músculo para fortalecerlo, repetir un gesto atlético miles de veces para completar una actuación deportiva, y de la misma manera debo practicar para reactivar la visión que he dejado atrofiar durante años, para que funcione al máximo.

La meditación es una herramienta muy simple y extremadamente poderosa, tanto para tomar conciencia de nuestra mente (y de cómo funciona) como para calmar su ritmo interno y focalizar la energía vital en el punto donde puede reactivar la percepción intuitiva. Hoy sabemos que la meditación modifica sustancialmente la física del cerebro y el tamaño de algunas de sus áreas.

Durante más de diez años, he estado meditando regularmente en el tercer ojo. Cuanto más lo hago, más percepciones extraordinarias tengo.»

Ejercicio 4: Meditación Avanzada Sobre el Tercer Ojo

Esta meditación avanzada apoya el desarrollo de la intuición y las percepciones extrasensoriales a través del trabajo en el sexto chakra (tercer ojo).

Debe ser combinada y alternada con meditaciones básicas (ejercicios 2 y 3).

PREPARACIÓN:

- Adopta la posición "fácil" de Yoga, sentado con las piernas cruzadas de manera natural (alternativamente, siéntate cómodamente en una silla);
- Mantén la espalda recta, con naturalidad;
- Junta el pulgar y el índice, con el dorso de las manos apoyado en las rodillas, los otros dedos abiertos hacia arriba (alternativamente, mantén las palmas de las manos apoyadas en los muslos);
- Mantén los brazos y los hombros relajados.

EJECUCIÓN:

Primera fase:

- Respira sin esfuerzo y de forma natural, lenta y profundamente;

- Durante la INspiración, expande primero el abdomen, luego el pecho, llenando "el espacio" hasta las clavículas;
- Durante la EXpiración, vacía primero la parte superior del cuerpo (clavículas y pecho) y luego el abdomen.

Segunda fase:

- Realiza 5 respiraciones profundas con atención en el 1er chakra (periné);
- Realiza 5 respiraciones profundas con atención en el 2º chakra (área genital);
- Realiza 5 respiraciones profundas con atención en el 3er chakra (ombligo);
- Realiza 5 respiraciones profundas con atención en el 4º chakra (centro del pecho);
- Realiza 5 respiraciones profundas con atención en el 5º chakra (epiglotis);
- Realiza 5 respiraciones profundas con atención en el 6º chakra (entre las cejas);
- Realiza 5 respiraciones profundas con atención en el 7º chakra (encima de la cabeza).

Tercera fase:

- Verifica tu posición (hombros y brazos relajados, espalda recta);
- Relaja la frente, los pómulos y los músculos detrás de las orejas;
- Lleva tu atención y tu respiración al tercer ojo, repitiendo tres veces una "respiración

triangular" (inspiración, momento en el que se retiene la respiración y espiración realizadas por tiempos iguales);

- Inspira profundamente y espira repitiendo el sonido "tho" (prolongado) manteniendo la atención en el tercer ojo (repite 6 veces);
- Respira de forma natural durante unos instantes;
- Inspira profundamente y espira repitiendo el sonido "mei" (prolongado) manteniendo la atención en el tercer ojo (repite 6 veces);
- Respira de forma natural durante unos instantes;
- Utiliza el estado de meditación así creado para obtener información específica (formulando una pregunta clara) y mantente a la escucha de las sensaciones internas que surgen o para abordar una situación particular en tu día;
- Libera la postura espirando y volviendo a estar en contacto con el entorno exterior.

«¿En qué momentos de la vida podemos recibir información intuitiva de nuestra mente? ¿Sólo en estado de vigilia?»

«La intuición ocurre aún más fácilmente cuando nuestro estado de conciencia está expandido. En los "estados no ordinarios de conciencia" (así llamados, aunque en realidad son mucho más comunes de lo que se piensa).

Los sueños son una excelente puerta para la comunicación extrasensorial e inconsciente. Fácilmente, durante el sueño podemos recibir o elaborar información intuitiva que llegó previamente a nuestra mente. Solo tenemos que aprender a "observarla" sin juicio y, paradójicamente, sin tratar de interpretar nada.

La trance hipnótica y el mismo estado meditativo facilitan en gran medida la canalización de información intuitiva.

En la vida cotidiana, una trance agonística puede ayudarnos mucho a integrar la intuición en lo que estamos haciendo: lo que comúnmente se llama "estado de flujo" (o "the zone" en el deporte) es una modalidad óptima de funcionamiento de la mente, en la cual nuestra conciencia está en contacto simultáneamente con el exterior (a través de los sentidos) y con el interior (sensaciones cenestésicas, intuitivas y pensamiento) en un continuo intercambio de información.

Vivir en este tipo de estado significa establecer un objetivo y entregarse al flujo de las cosas, permitiendo que el *cómo* sea el resultado de fuerzas profundas y superiores a la mera voluntad consciente.

Es la diferencia entre nadar en el mar contra la corriente o dejarse llevar por la corriente correcta que nos lleva a la orilla: en el segundo caso no se necesita esfuerzo ni muchas brazadas.

El estado de flujo, en realidad, ocurre naturalmente cada vez que somos particularmente competentes al realizar cierta acción, hemos definido un objetivo o una meta a alcanzar y confiamos en nosotros mismos.

Podemos sentir en un nivel diferente (y poner en juego la intuición) mientras realizamos un masaje, mientras conducimos el coche en contacto con el entorno, mientras operamos con creatividad en un trabajo artesanal, durante una actuación deportiva o laboral importante para nosotros... es fundamental, en cualquier caso, que la mente esté "presente" en los movimientos que estamos realizando (y no "en otro sitio").»

«Hemos hablado de clarividencia e intuición. Me pregunto si la percepción del aura está relacionada con estas facultades.»

«Sí, la percepción del aura está conectada con la clarividencia y la clarisentencia. Al desarrollar la capacidad de percibir más allá de los cinco sentidos, se puede comenzar a sentir o ver más fácilmente el campo energético de seres humanos, objetos y lugares.

La percepción del aura es uno de los aspectos más fascinantes del mundo invisible: da la sensación de tener rayos X y poder ver a través de la vida emocional de las personas. El aura contiene rastros de la experiencia de cada uno de nosotros, de las emociones que vivimos con más frecuencia e intensidad y, por lo tanto, un mapa del pasado y del futuro.

También en este caso, no se trata de una facultad que surge de la noche a la mañana, sino que requiere tiempo y un crecimiento gradual. Hay algunos ejercicios que pueden acercarnos a la percepción del aura, pero también en este caso se trata fundamentalmente de desarrollar un estilo de vida y una dedicación al proceso de amplificación de las propias percepciones, en lugar de un entrenamiento sensorial estricto.

Al igual que con las percepciones intuitivas del pasado y el futuro, hay que "merecer" esta facultad. No quiero decir que alguien o algo nos otorgue este poder, sino que debemos aprender a bajar el nivel de juicio para acceder a este dominio de información.»

Capítulo 8

«Volviendo a la precognición, una curiosidad: a partir de tus relatos tengo la sensación de que se perciben más fácilmente "emociones y situaciones negativas", ¿es realmente así?»

«En mi experiencia, es más frecuente captar información relacionada con eventos traumáticos, pero no por eso no se pueden percibir aspectos divertidos o experiencias ligeras y felices.

Creo que en el ámbito terapéutico es más común entrar en contacto con traumas y situaciones pesadas simplemente porque ambas partes están enfocadas en resolver algo que no funciona y la clave siempre está en una huella emocional del pasado.

A veces, afortunadamente, se perciben momentos felices o sensaciones particulares, como el "actitud de apertura mental": me ha pasado varias veces tener la misma sensación con distintas personas de que viajar mucho había abierto sus mentes. Verifiqué esta intuición al menos tres veces y efectivamente así era, las tres personas habían viajado por muchos años, en contacto con diferentes continentes y culturas. Otra sensación fascinante es la de "integridad" y "fuerza interior": algunas personas llevan consigo un núcleo de grandeza de alma.

Sin embargo, mirando bien, un evento nunca es "positivo" o "negativo" en sí mismo: es la mente que lo observa, en función de sus propios esquemas y de los condicionamientos recibidos, quien lo juzga de una manera u otra.

Al igual que no existe una percepción objetiva de la realidad que pueda llegar a nuestro cerebro a través de los cinco sentidos, aunque puede no ser fácil de aceptar, tampoco existe un punto de vista universalmente válido sobre lo que es bueno o malo.

Pongamos por caso algunas acciones que la ley de un país castiga severamente como delitos, mientras que la de otro las considera absolutamente legítimas y normales: según los antropólogos, el 85% de las sociedades en la historia han permitido la poligamia, pero es una práctica absurda para nosotros; el consumo de opio y marihuana es una tradición practicada por personas de todas las edades en Sudamérica, pero rigurosamente condenada por nosotros; los golpes y mutilaciones son comunes en muchas minorías en muchos países...

La estrechez de miras del juicio personal nos lleva al paradójico acto de evaluar negativamente un comportamiento y, al mismo tiempo, castigarlo a través del mismo acto (por ejemplo, imponer la pena de muerte a un asesino). Normalmente tendemos a considerar nuestro punto de vista personal como el más correcto, porque eso es lo que nos dice el razonamiento y que sentimos "en las entrañas". No es mi intención hacer que nadie cambie de opinión sobre lo que es bueno o malo, porque cualquier juicio expresado proviene de las limitaciones de la mente.

Desde el punto de vista intuitivo, cada acción realizada o sufrida tiene un propósito muy preciso. Para poder captarlo, es necesario percibir esa acción desde una perspectiva mucho más amplia que la individual. Cualquiera que haya crecido en una cultura cristiano-católica percibe claramente ese sentido de bien y mal que la institución religiosa nos ha transmitido, pero desde el punto de vista intuitivo, lo que la mente puede juzgar negativamente es siempre una razón de gran crecimiento para el individuo y, fundamentalmente, una necesidad.

La percepción intuitiva nos permite superar los límites del juicio mental y comprender en un contexto mucho más amplio los eventos que ya ocurrieron.»

«AHORA UNA PREGUNTA UN POCO MÁS "TÉCNICA": ¿CÓMO PUEDE UNA PERSONA TENER INTUICIONES SOBRE ALGO QUE AÚN NO HA PASADO O PERCIBIR ALGO QUE PASÓ HACE MUCHO TIEMPO SIN HABER ESTADO PRESENTE?»

«Aunque nuestra mente pueda esforzarse, para comprender este fenómeno debemos abrirnos a escenarios extraordinarios. Muchos científicos que han estudiado la física cuántica explican que el tiempo podría no funcionar en absoluto como lo percibimos.

La teoría de las supercuerdas describe la realidad en la que vivimos, a niveles infinitamente pequeños, como compuesta por once dimensiones. Mucho más que las cuatro (tres de espacio y una de tiempo) que normalmente percibimos.

Algunos han postulado la existencia de más de una dimensión temporal.

Imagina observar detalladamente un objeto cualquiera, acercándote a la estructura profunda de la materia de la que está compuesto, hasta el punto de descubrir que no está hecho de tres dimensiones, sino de siete (los ordenadores pueden dibujar modelos multidimensionales que, por absurdos que puedan parecer, dan una idea de una realidad con más de tres dimensiones).

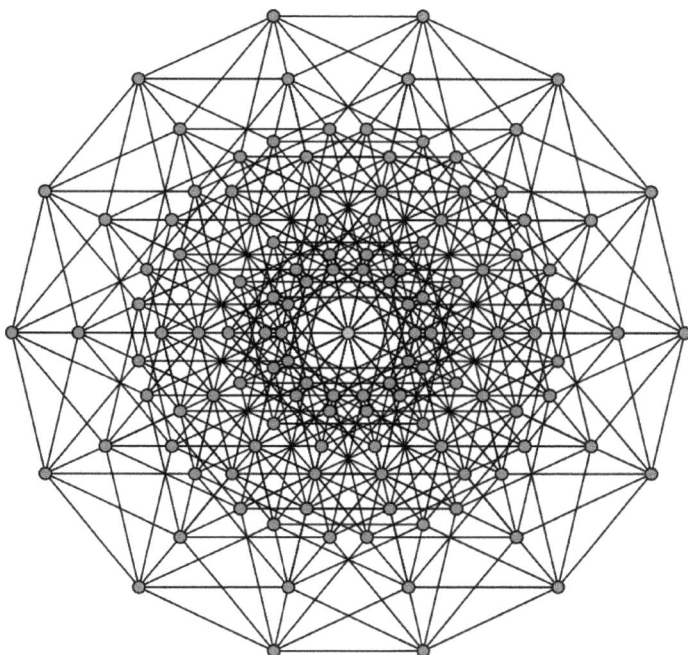

Hipercubo (Hepteracto) mostrado a través de una imagen bidimensional. Fuente: Wikipedia.

La mente se queda en cortocircuito, ¿verdad? Y esto sólo es el principio.

Tendemos a representar mentalmente el tiempo como una dimensión lineal. En este modelo existen un pasado, un presente y un futuro de alguna manera conectados y nuestra mente percibe que el flujo del tiempo comienza desde el pasado, luego atraviesa el presente y continúa hacia el futuro.

Según la percepción del tiempo que utilices, algunas cosas que tenían sentido podrían ya no tenerlo. Si aceptas sin discutir una percepción lineal del tiempo, entonces pensar en la posibilidad de acceder a una información futura no tiene ninguna explicación, ya que el futuro aún no ha sucedido.

Pero si supones por un instante que el presente, el pasado y el futuro puedan estar uno al lado del otro (como si esa "línea" que representa el tiempo cambiara de dirección y se dispusiera en horizontal) y que la conciencia pudiera moverse de uno a otro, libre de acceder a todo lo que está sucediendo en el futuro en este mismo momento, entonces puedes comenzar a sentir su fascinación.

Lamentablemente, muchos hablan de física cuántica sin saber prácticamente nada al respecto...

Una película que transmite información mayormente precisa sobre algunas teorías de la física cuántica es "¿Y tú qué sabes?" (en inglés: "What the bleep do we know?"), una especie de documental en el que se habla de cómo nuestra percepción de la realidad está limitada y filtrada.

Ahora, yo no sé decir exactamente qué es y cómo funciona el tiempo, porque incluso mi mente racional percibe el tiempo como todos los demás, sin embargo...

El tiempo existe en cierto sentido porque lo medimos.

Piénsalo, si no hubiera relojes colgando en la pared o en la muñeca, el tiempo no existiría de la misma manera. Si nadie hubiera inventado un reloj, nuestra vida y nuestra relación con el tiempo serían completamente diferentes, porque cuando medimos el tiempo lo hacemos real. No solo con los relojes, sino también en nuestra propia mente: el tiempo existe porque comparamos dos momentos diferentes (ayer con hoy y hoy con mañana, por ejemplo).

Pero cuando vivimos un estado meditativo y estamos en el eterno presente, el tiempo lineal ya no existe y tampoco los límites que nos impiden desplazarnos a otro momento.»

«Si pasado, presente y futuro estuvieran ocurriendo realmente en el mismo momento, podríamos "acceder al futuro" porque no sería diferente del presente, de hecho. ¿Así que me puedes decir si mañana va a llover?» pregunto yo en tono divertido.»

«¡Jaja, lo siento, no puedo predecir el futuro. ¡Simplemente porque no hay un solo futuro!

Concluyo mi explicación para que comprendas mejor la absurdidad de este mundo cuántico.

Más allá de la "dirección" del tiempo, el juego se vuelve aún más divertido cuando se comienza a considerar una cuarta dimensión de espacio: la de la conciencia.

Imagina que, además de las tres dimensiones conocidas, la realidad se desarrolla en una serie "vertical" de planos diferentes, dispuestos uno encima del otro.

Si fuera así, no existiría solamente un momento presente, un pasado y un futuro adyacentes, sino infinitos momentos presentes e infinitos momentos pasados y futuros que forman una matriz sobre la cual nuestra conciencia puede moverse.

La física cuántica describe al observador como el verdadero creador de la realidad (a través del histórico y ya famoso experimento de la doble rendija, https://got.am/quantum1).

Simplificando mucho podríamos decir que, en el experimento mencionado, un electrón adquiere infinitos comportamientos diferentes al mismo tiempo. Sin embargo, cuando se observa su comportamiento, este es definido y específico, y ya no es "múltiple". No es posible explicar por qué pase esto, aunque es exactamente lo que ocurre.

Esta "extraña inexplicabilidad" de la realidad subatómica aún no ha sido verificada experimentalmente en una dimensión macroscópica, sin embargo, ha marcado el comienzo de una visión probabilística de la realidad (contrapuesta a la determinista anterior) y nos proporciona una posible explicación para fenómenos que de otra manera no tendrían sentido.

El concepto está representado en la metáfora del gato de Erwin Schrödinger: según el experimento mental del científico, un gato encerrado en una caja junto con una trampa está simultáneamente vivo y muerto, hasta que un observador no se asoma para mirar dentro. En ese momento, el observador "elegiría" qué realidad vivir.

En ausencia de un observador, por lo tanto, el gato sería vivo y muerto al mismo tiempo, porque ambas realidades existen hasta que una conciencia decide sintonizarse en una de esas posibilidades. Esa realidad, en ese momento, se convierte en su "presente real".

Todo esto puede parecer poco verosímil a nuestros sentidos. Y, para ser honesto, incluso los científicos que han hecho estos mismos descubrimientos tienen dificultades para aceptar su valor real.

Repito, yo no sé cómo funciona y qué es efectivamente el tiempo. El punto es que si comenzamos a admitir la posibilidad de que las cosas puedan manifestarse de manera diferente a lo que percibimos, entonces la intuición puede comenzar a tener un sentido diferente, entonces la intuición puede comenzar a tener una explicación en cierto sentido... ¡en el sexto sentido!» MARCO SE RÍE.

«Técnicamente no puedo prever *el* futuro, sino *un* futuro. Aquel en el que la conciencia esté sintonizada en ese momento. Pero ese futuro puede cambiar, porque es simplemente una de las realidades posibles.

Imagina que una persona está caminando en un prado y que hay un árbol en la trayectoria de su movimiento: si continúa caminando en esa misma dirección, encontrará ese árbol, mientras que si cambia de dirección (incluso solo unos pocos grados), lo evitará por completo.

Esta es una de las extraordinarias capacidades de las que somos depositarios: elegir y cambiar. El hecho mismo de prever el "futuro actual" puede ser una buena razón para evaluar un cambio, aunque no siempre es tan simple como parece en las películas que investigan este tema.

Cambiar la realidad, en algunos casos, requiere una importante conciencia emocional, la curación de una herida abierta o simplemente la reprogramación de una de nuestras convicciones.

En la mayoría de los casos evito dar demasiado peso a una visión del futuro, a menos que esa visión me concierna directamente y quiera cambiar el plan de realidad en el que mi conciencia está actualmente sintonizada.

Comunicar a una persona una visión de su futuro puede desencadenar un círculo vicioso inconsciente donde el miedo y la preocupación podrían tener la ventaja. El mismo mecanismo que se observa en la medicina cuando se pronuncia un diagnóstico fatal: dependiendo de cómo se comunique una determinada noticia, la persona puede sentirse condenada a un fin seguro, incluso si en realidad, justo desde ese momento, el futuro puede cambiar.

El futuro previsto no es más que una de las infinitas posibilidades que podrían manifestarse, una posibilidad un poco más probable que las demás debido a la dificultad que los seres humanos encuentran para cambiar su propio ser – y por lo tanto su trayectoria.

De la misma manera, cuando percibo un acontecimiento del pasado, no necesariamente veo lo que ha sido, sino cómo la persona lo ha vivido.

A menudo pasa, por ejemplo, que una persona lleva consigo la emoción de haber sido violada, física o psicológicamente. En algunos casos, el suceso es efectivamente identificable en un abuso (lo que comúnmente podríamos considerar como una violencia), pero en otras situaciones, un acontecimiento ordinario simplemente se ha percibido como una violación.

Cuando se opera con la intuición, es necesario aprender a distinguir con atención y humildad la visión-sensación recibida y la interpretación que la mente pueda darle. Igualmente, importante es aprender a comunicar la información obtenida de manera adecuada, para que transmita a la persona interesada el potencial creativo que está en sus manos: el futuro, como el pasado, puede ser transformado a través de la conciencia.

Para aprender a comunicar de manera efectiva las propias intuiciones, sugiero describir lo que llegó a la mente reduciendo al mínimo los adjetivos calificativos (que a menudo derivan de nuestro propio juicio) y, sobre todo, evitar "libres asociaciones": es muy diferente informar que se percibió un billete rectangular, amarillo y rojo (como en el ejemplo del Capítulo 6) que hablar de un billete para el partido del Real Madrid.

Cuando te abres a nuevas ideas sobre el mundo y la realidad, algunas facultades comienzan a desatarse. Es interesante y fascinante, ¿no es así? Es precisamente la gran curiosidad que estos temas siempre han despertado en mí lo que me ha impulsado más allá de los límites y me ha permitido trascender las "cajas" en las que estaba encerrado.

Cuando nuestra mente está firmemente convencida de algo, estamos sustancialmente encerrados en esa realidad. Esto está bien representado en la película "*El show de Truman*": mientras vivimos dentro de un escenario construido y no podemos trascender sus límites, subir por encima de ellos, en lugar de pasar a través de sus muros, no nos damos cuenta de que estamos dentro de un perímetro cerrado. Mientras que en el momento en que logramos ir más allá de ese perímetro, entonces comenzamos a descubrir una nueva realidad.

Sigo sorprendiéndome y maravillándome de la intuición, después de muchos años, precisamente porque la mente racional no puede comprenderla en su totalidad.»

Capítulo 9

«¿QUÉ ME DICES DE LA LECTURA EN FRÍO? ¿CUÁL ES LA RELACIÓN ENTRE LA INTUICIÓN Y LA LECTURA EN FRÍO?»

«Son dos cosas muy distintas, fundamentalmente opuestas entre sí. La lectura en frío es la capacidad de adquirir información mediante la observación de una persona, una forma de leer el lenguaje y las características del cuerpo. La lectura en frío puede parecer mágica, pero tiene un fundamento muy específico.

Hablando de magia: cuando presenciamos un juego de cartas, al principio decimos "¡Guau! ¡Increíble!", pero si buscas en Internet la serie "Magic Finally Revealed", puedes descubrir muchos trucos de los magos y, desde ese momento, ver un truco de cartas será como tener rayos X, sabrás dónde está el secreto.

Muchos magos son en realidad ilusionistas que utilizan la destreza de sus manos para crear la ilusión de la magia. La lectura en frío parece extraordinaria, pero no es más que una forma de inteligencia deductiva.

Lo mismo ocurre con el mentalismo: es una forma de comunicación específica e hipnótica que influye anticipadamente en los comportamientos de las personas, para hacer un espectáculo y sorprender dando la impresión de haberlos previsto. Si conoces realmente bien la Programación Neurolingüística, puedes ver fácilmente los mecanismos en los que se basa el mentalismo.

A menudo en los programas de televisión donde personajes fantasmales predicen el futuro, se utilizan formas suaves de lectura en frío y mentalismo combinadas con un lenguaje hábilmente vago (que permite hacer una afirmación que ciertamente no contradice la realidad y, de hecho, da la impresión a quien escucha de tener un sentido preciso).

Conozco muy bien estas técnicas, pueden ser útiles, interesantes de estudiar e incluso terapéuticas, pero no tienen nada que ver con la intuición verdadera. Creo que no hay nada malo en combinar varias técnicas, pero hay que reconocer la fuente de la información que se obtiene.

En un caso puedes usar los sentidos para notar aspectos que pocos otros pueden observar, en el otro, te basas en una fuente superior. A través de la lectura en frío no sería posible conocer el nombre propio de una persona, mientras que con la intuición me basta con acercar las manos, callar la voz interior y quedarme a la escucha a lo que llega.»

«DE CÓMO HABLAS, PARECE QUE EL USO DE LA INTUICIÓN CONLLEVA UNA RESPONSABILIDAD ADICIONAL, HACIA UNO MISMO Y HACIA LOS DEMÁS. PORQUE ES UN POCO COMO TENER UN NUEVO PODER Y... UN GRAN PODER CONLLEVA UNA GRAN RESPONSABILIDAD.»

«Sí, personalmente, también siento mucha responsabilidad al utilizar la intuición y, al reflexionar sobre los últimos diez años de estudio y práctica de esta facultad, me doy cuenta de que ésta aumenta al mismo tiempo que se desarrolla la propia conciencia y evoluciona en forma inversamente proporcional al juicio hacia los demás.

Sólo cuando suspendo el juicio, bajo el volumen de los pensamientos y me relaciono auténticamente con una persona, la intuición puede encontrar su espacio y la información intuitiva que llega a la mente permanece pura. Cuando interviene la mente analítica, lo que llega está filtrado y ya no tiene el mismo valor.

La clarividencia conlleva una gran responsabilidad, porque nos permite intervenir en el futuro, en el pasado y en otros presentes. Es inevitable que, junto con la intuición, crezca también la capacidad de gestionar la información que llega, porque esta carga "motiva" y da importancia al acto intuitivo.

Volviendo al modelo de los chakras: para que suficiente energía llegue al tercer ojo, también los chakras inferiores deben alinearse y crecer. Debemos empezar a reequilibrar la relación con el mundo material, con nuestras emociones, con el Ego y el Corazón.

Esta responsabilidad es equilibrada por una evolución que cada persona debe vivir antes de tener acceso a este poder. Para convertirse en cinturón negro de karate, debes seguir a un maestro, escucharlo durante mucho tiempo, poner en práctica sus enseñanzas y entender cuándo es realmente necesario empezar a luchar y cuándo, en cambio, es suficiente parar los golpes y dejar que el adversario caiga al suelo por obra de su propia fuerza.

El cinturón negro de karate lucha cuando es realmente necesario, porque sabe cuán efectivos pueden ser sus golpes.»

Sí, un verdadero poder conduce a una mayor sabiduría, porque gestionar la responsabilidad que el poder conlleva requiere una importante evolución personal.

«¿ENTONCES LA INTUICIÓN ESTÁ DIRECTAMENTE RELACIONADA CON EL DESARROLLO ENERGÉTICO? HABLABAS DEL MODELO DE LOS CHAKRAS Y DE QUE LA ENERGÍA HAYA QUE "SUBIR"... ¿ESTÁN ESTAS DOS COSAS RELACIONADAS?»

«Se requiere que la energía vital y la conciencia se eleven, que una persona haya alcanzado un cierto nivel evolutivo para que la intuición pueda manifestarse. Todos experimentan momentos individuales de percepción amplificada, pero para estabilizar esta facultad es necesario trabajar en ella con constancia. Trabajar, como he dicho, también en el juicio, la conciencia, la calma interior y la energía personal.

Para decirlo con las palabras del psicólogo Maslow, deben haberse satisfecho las necesidades básicas y uno debe estar en el camino de la autorrealización. Si una persona carece de los bienes básicos o vive en la búsqueda frenética de la aceptación de los demás, tendrá dificultades para ocuparse de los niveles superiores de su existencia, de las necesidades superiores de su ser (como la espiritualidad).

El estado vital debe elevarse para que la intuición pueda ocurrir. Es un proceso que requiere tiempo, meses y años. Debemos aprender a estar *realmente presentes* (¡como cuando éramos niños!).»

«ENTONCES, DE ALGUNA MANERA, ¿LA INTUICIÓN ESTÁ CONECTADA CON LA ESPIRITUALIDAD? ¿ES LA ESPIRITUALIDAD UN REQUISITO PREVIO PARA LA INTUICIÓN?»

«Cuando hablamos de espiritualidad, hablamos esencialmente de nuestra relación con los demás y con el universo en el que vivimos. Independientemente de una actitud religiosa (es decir, de una espiritualidad condicionada por reglas y un sistema de creencias), debemos reconocer la necesidad de trascender nuestro ser y superar nuestra individualidad.

Cuando hablo de espiritualidad, me refiero a una relación profunda, casi una identificación con todo. Hablo de una capacidad para trascender el espacio y el tiempo, de una condición en la que la distancia entre el yo y el tú, entre lo masculino y lo femenino, entre el dar y el recibir, entre ayer, hoy y mañana, se acorta muchísimo, hasta disolverse.

El tercer ojo es un escalón por debajo de la fusión con todo, es el punto donde se encuentran las polaridades opuestas: allí es donde surge la intuición. Esta es otra forma fascinante de describir cómo se vuelve posible trascender el espacio-tiempo: superando la ilusión de la separación.

La física describe como "entrelazamiento cuántico" ese proceso que ocurre cuando dos o más partículas entran en relación de tal manera que ya no pueden considerarse de manera independiente, sino solo como "sistema cuántico" (https://got.am/quantum2). Desde el momento en que se ha creado esta relación, las mencionadas partículas reaccionan una a la estimulación de la otra, incluso si se llevan a excepcionales distancias. Además, lo hacen "instantáneamente", superando la velocidad de la luz. Este experimento ha demostrado una forma de comunicación que trasciende el espacio y el tiempo entre partículas previamente en relación.

A nivel macroscópico podríamos decir que cuando se ha creado cierta intimidad entre dos sujetos, su vínculo permite comunicar más allá de los límites de la realidad visible.

Este fenómeno ocurre cuando llevamos nuestra conciencia a un plano superior al físico, donde las reglas son diferentes. Hemos hablado del flujo del tiempo. El tiempo parece ser una de las "leyes" que rigen la realidad física, pero estas leyes, superado cierto estado de conciencia, influyen de manera diferente en nuestra realidad.»

«¿CÓMO PUEDE UNA PERSONA QUE NO "SIENTE NADA" COMENZAR SU VIAJE PARA DESCUBRIR LA INTUICIÓN?»

«Si no sientes nada, necesitas aún más trabajar en tu estado vital a través de la meditación.

Me explico: si el estado vital está por debajo de cierto umbral, esa sensibilidad es tan baja que la mente racional tiende a tener la ventaja; incluso el escepticismo obtuso es una señal de que se puede lograr una mejor alineación mente-cuerpo.

Sinceramente, no creo que alguien pueda "no sentir nada", sino que no pueden prestar suficiente atención a lo que sienten.

Ya he descrito este proceso, hay dos fases diferentes: por un lado, debemos aprender a reconocer cierta información que ya está presente en nosotros y llega a nuestra mente (distinguirla de los pensamientos); por otro lado, debemos abrir el camino a esta facultad porque podría estar dormida desde hace muchos años.

Algunas informaciones intuitivas ya te están llegando, pero las estás interpretando de manera distorsionada, les estás dando un significado diferente al que tienen.

Otras informaciones no te llegan porque necesitas levantar un poco más las antenas y estar en contacto con ese campo de información (y energía) que está a tu alrededor.»

«Entonces, prácticamente, ¿qué debería hacer una persona que quisiera desarrollar esta capacidad? ¿Qué plan debería implementar? ¿Qué aspectos de su vida puede modificar?»

«Los niveles de estrés deben reducirse y el ritmo de vida debe ralentizarse. La meditación en cualquier forma, ya sea entrenamiento autógeno, oración, hipnosis, cualquier práctica que aumente la energía vital puede permitirnos percibir más. La práctica debe ser constante, pero la atención y la intención deben serlo aún más.

Cualquier actividad que eleve el estado vital nos acerca más a la intuición, ya sea una meditación basada en el sonido (repetición de un mantra), la respiración, el movimiento, la visualización mental, una inducción hipnótica que altera el estado de conciencia, un profundo relajamiento guiado... pero también el yoga de la risa o la danza de trance aumentan nuestra energía.»

Capítulo 10

«Integrar la intuición en la vida cotidiana significa llevar las prácticas de conciencia y nuestro ritmo interior hacia el exterior. Recuerdo claramente el día en que la empleada de la taquilla recargó mi abono de transporte público por error (del que hablé en el Capítulo 6). Esa mañana me desperté, salí a dar un paseo, un paseo sin ningún motivo. Tenía tiempo libre, había elegido dedicar ese tiempo para disfrutar del momento presente... estaba en mi ritmo.

Cuando se practica Reiki o meditación, normalmente se "cierra la puerta" dejando fuera nuestros hábitos, todas las emociones y el estrés que están asociados. Un poco como ir a un SPA. Se pone un temporizador, se define un tiempo para dedicarse a uno mismo en un lugar protegido; la mente ya no necesita ocuparse del pasado o del futuro, no está emocionalmente involucrada en el resto de la vida, porque sabe que encontrará todo lo que ha dejado fuera de la puerta más tarde. Se "refugia" en ese tiempo y en ese espacio protegido para practicar.

Pero en realidad, el aspecto más importante de un camino de conciencia es la integración con el resto de nuestra existencia, con todo lo que nos rodea, con otras personas, con el trabajo y los sistemas de los que formamos parte. Cada día hago todo lo posible por llevar mi mundo interior hacia afuera.

Es una elección extraordinaria: expandir nuestro ser incorporando todo lo demás en lugar de ser absorbidos por el mundo que nos rodea.

Con la elevación del estado vital, esto se vuelve cada vez más fácil. Cuando la energía adecuada se presenta, como una ola en el horizonte, el surfista tiene el deber de cabalgarla y aprovecharla para experimentar la vida.

Cuando aprendemos a estar presentes diariamente, conscientes de los gestos más simples, comenzamos a darnos cuenta de nuevas posibilidades y nuevos pensamientos intuitivos.

¿Qué significa realmente estar presentes?

Cuando nos damos cuenta de los pies que pisan el suelo mientras caminamos hacia la puerta de la oficina, estamos plenamente presentes durante la redacción de un correo electrónico o una llamada telefónica, observamos el rostro de las personas con las que hablamos, abrimos nuestra conciencia a los estímulos sensoriales que nuestro entorno nos ofrece y, al mismo tiempo, tenemos en cuenta nuestras sensaciones, emociones y pensamientos...

Hablar por teléfono mientras garabateamos con un bolígrafo, estar distraídos mientras escuchamos a un amigo contar sus historias o pensar en las facturas por pagar mientras damos un paseo (o peor aún, durante una relación íntima) con nuestra pareja son ejemplos de no estar presentes en nosotros mismos. Significa crear una distancia entre lo que vivimos dentro y lo que estamos haciendo fuera.

Cuando hablo con alguien y mi mente tiene una respuesta lista y solo espera a que la persona deje de hablar para poder responder, en realidad ya no estoy escuchando, porque estoy enfocado en otro momento que no es el presente.

Cuando espero la apertura del embarque en el aeropuerto y estoy ansioso por sentarme en mi asiento en el avión, estoy perdiendo instantes preciosos de la vida. Instantes que pueden parecer insignificantes o aburridos, pero que no lo serían si estuviéramos presentes.

En cambio, debo aprender a convertirme en lo que estoy haciendo: mientras como, permanezco en contacto con el movimiento de mi tenedor que se acerca a mi boca; mientras mastico, me comprometo a vivir la sensación de la comida en contacto con las papilas gustativas; mientras lavo los platos (¡práctica altamente meditativa!), percibo el deslizamiento de mis manos sobre la cerámica...

Mientras estoy en el Aquí y Ahora, no hay pasado ni futuro y, en esta dimensión, puedo acceder *verticalmente* a otros planos de realidad y a la intuición.»

«¡Parece fácil! Pero toma el caso de una madre que se despierta a las 6:30 de la mañana con su hijo pequeño llorando... tiene que preparar el desayuno para toda la familia, llevar al niño mayor a la escuela y luego ir al trabajo. ¿Cómo le explicas la importancia de estar en el Aquí y Ahora?»

«Vivir en el Aquí y Ahora es el proceso alquímico por excelencia, el camino para transformar el plomo en oro, la supervivencia en entusiasmo, el hábito en vida real.

Cualquiera sea la tarea que tenga que hacer la mamá, puede hacerla pensando en cuando haya terminado sus deberes o estando en el Aquí y Ahora.

En realidad, no es necesario que cambien las acciones, sino que cambie la forma en que se llevan a cabo las acciones.

Puedo tener el objetivo de cocinar un buen almuerzo e ir a comprar los ingredientes disfrutando del trayecto hacia el supermercado, estando en el Aquí y Ahora, o pensar en el futuro, permitiendo que mi mente genere ansiedad o expectativas.

No es tanto lo que hacemos, sino *cómo* lo hacemos lo que cambia nuestro estado de conciencia, que nos lleva a una dimensión presente.

Hace unas semanas, una mañana de sábado, tenía un par de horas para limpiar la casa, hacer una pequeña compra, preparar un aperitivo para los amigos y vestirme para su llegada. El tiempo disponible me parecía poco y mi mente se preocupaba por la mejor "hoja de ruta" para hacer todo.

Corriendo de un lado a otro, terminé todo perfectamente a tiempo. Cuando vi la casa arreglada y la despensa llena, finalmente suspiré de alivio. En ese momento, al verificar el reloj, mi pensamiento fue: "Terminé puntual, pero desperdicié por completo las últimas horas, no disfruté de ninguna manera de los gestos y acciones que llevé a cabo".

La mayor parte de la vida pasa normalmente sin conciencia (¡y por lo tanto sin placer!), mientras nuestra atención se enfoca en lo que habrá después. Necesitamos objetivos para seguir adelante, pero también debemos aprender a disfrutar del viaje, es decir, encontrar placer y realización en cada gesto que hacemos hacia la meta.»

«¿QUÉ IMPACTO TENDRÍA EN LA MAMÁ EN CUESTIÓN EL VIVIR EL PRESENTE Y ACCEDER A LA INTUICIÓN CAMBIANDO SU FORMA DE HACER LAS COSAS?»

«En el peor de los casos, se dará cuenta de que muchas de las cosas que hace (y sobre todo muchas de las emociones negativas que experimenta) no son necesarias en absoluto, y que existe una forma mucho más sencilla de vivir.

Si persiste en su intento de estar presente, notará fácilmente algunos aspectos a cambiar en su día a día y encontrará el coraje para hacerlo. Cada elección se volverá más natural y cada camino requerirá mucho menos esfuerzo.

En el momento en que me encuentro en una encrucijada, mi mente puede sentirse confundida, buscar una solución lógica al dilema o sufrir por las opciones que tendrá que abandonar.

Entrenando la intuición y dejando que la vida fluya con naturalidad, las decisiones serán más simples y sabias.

Salir de casa diez minutos más tarde puede permitir encontrar menos tráfico, desayunar fuera de casa de vez en cuando puede aliviar la carga de la madre y enriquecer a los niños con emociones y experiencias. Siguiendo la intuición, la vida recupera su armonía y fluidez natural.

Si estoy en un restaurante y estoy a punto de pedir un plato (quizás un buen plato de lasaña que me gusta tanto), puedo darme cuenta gracias a la intuición de que tal vez esa noche no es la elección correcta. Mi estómago dice "¡toma lasaña!" y mi mente comenta "sí, cuando mamá hace lasaña siempre me chupo los dedos", pero en algún lugar tengo la sensación de que ese plato, esa noche, no es para pedir, porque el cocinero no lo ha cocinado bien. Confiar en el sexto sentido facilita el juego y puede ayudarnos a evitar las trampas de la mente o de las entrañas (que responde a los condicionamientos que hemos recibido).

Lo mismo se aplica a los miedos que experimentamos, que son irracionales por definición, y que en muchos casos nos impiden dar los pasos adelante que más necesitamos. Al entrenar la intuición, llegamos a percibir el estremecimiento del miedo y, al mismo tiempo, a sentir la confianza de que todo saldrá bien.»

Capítulo 11

«A PROPÓSITO DEL MIEDO... ME SALE ESPONTÁNEO DECIR QUE CONFIAR EN LA INTUICIÓN ES COMO DAR UN SALTO MÁS ALLÁ DEL MIEDO A LO DESCONOCIDO, EJERCIENDO NUESTRA RESPONSABILIDAD.

PARECE QUE UNA PERSONA PUEDA CONQUISTAR PODERES DIVINOS, TRANSFORMARSE EN ALGO MÁS GRANDE...»

«Durante demasiado tiempo, el hombre ha "delegado" en Dios poderes que tal vez simplemente debería haber reconocido en sí mismo.

El catolicismo nos ha acostumbrado a percibir a Dios como una entidad externa a nosotros, una energía superior a nosotros, a la que le atribuimos la omnisciencia y el discernimiento entre el bien y el mal.

Tal vez estas mismas facultades estén mucho más cerca de nosotros de lo que creemos, sólo hay que tener el coraje de aceptarlas y vivirlas.

El poder que surge de esto nos ayudará a equilibrar cada responsabilidad nueva que llegue.»

«GRACIAS MARCO.»

«Gracias a ti, Claudia.»

No-conclusión (Marco Cattaneo)

Durante años he evitado la idea de escribir este libro porque el estudio de la mente y del ser humano me ha enseñado que el cambio es el estado natural de las cosas y que la percepción personal es falible. Poner por escrito mi experiencia parecía una responsabilidad demasiado grande.

Finalmente, decidí escribir sobre el tema que menos que ningún otro se prestaba a una única "verdad" y que pudiera ser cristalizado en una obra duradera.

El beneficio que he experimentado al desarrollar la intuición ha sido demasiado grande como para limitarme a hablar de ello durante los seminarios que ofrezco a pequeños grupos de personas. Esta facultad necesita ser conocida y desmitificada a los ojos de la mayoría.

Si hasta ahora se ha hablado de la intuición como la facultad de percibir más allá de los sentidos, en este momento quisiera sintetizar la obra en un consejo apasionado:

Aprende a vivir de manera intuitiva, a trescientos sesenta grados.

Usar la intuición no significa solamente *acceder a un campo de información más amplio que el presente*, sino también reducir la importancia de la lógica y la racionalidad en la vida, aprendiendo a dejar espacio para sensaciones inexplicables y haciendo elecciones que nuestra mente podría considerar insensatas o locas.

En estos años como empresario y *aprendiz kamikaze*, he comprendido que las consecuencias de nuestras acciones más imprudentes son siempre menos catastróficas de lo que creemos y que vivir en un recinto de seguridad puede ser verdaderamente peligroso.

Las emociones más fuertes que experimentamos son el resultado de procesos mentales y condicionamientos, y nos llevan, en la mayoría de los casos, lejos de la verdad. La intuición es la mayor revancha que podemos tener contra nuestra "evolucionada" racionalidad.

Mi intención nunca fue crear un manual completo sobre la intuición, porque nada tan grande puede ser encerrado en las páginas de un libro. No puede existir un compendio para interpretar la intuición, pero puede existir *este libro que has encontrado* y que, si eliges utilizarlo como herramienta, te ayudará a desarrollar tu propia sensibilidad y a hacerte preguntas nuevas.

No intentes resistirte a la inevitable confusión que tu mente puede experimentar después de leer este libro: es un elemento importante para la conquista de tu libertad de pensamiento, una puerta para un futuro diferente.

Simplemente comienza a notar, día tras día, los cambios que se manifestarán en tu vida: algunos serán más evidentes, otros más sutiles. El asombro llenará tus días.

Si aún no te he convencido por completo, bastará una sola pregunta para hacerte reflexionar y guiarte por el resto de la vida: *¿eres verdaderamente, extraordinariamente feliz?*

Si la respuesta es negativa, ahora sabes DÓNDE y CÓMO buscar.

¡Buen viaje!

Biografía del Escritor

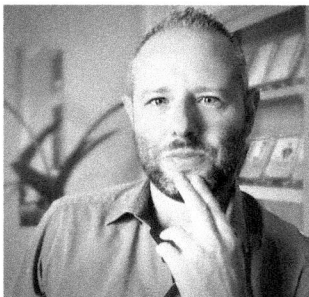

Marco Cattaneo GOTAM, Hipnotista, Maestro de Reiki y Meditación, Escritor. Ha dedicado diecinueve años a las prácticas de desarrollo personal, entrando en contacto con muchas disciplinas para el bienestar del cuerpo, de la mente, de las emociones y del espíritu.

Lleva practicando la meditación de forma constante desde 2004.

De 2008 a 2023, impartió 160 cursos intensivos, 250 talleres cortos y ayudó a personas en más de 5.400 sesiones individuales.

Fundó la Academia GOTAM, a través de la cual llega a 400 practicantes cada día, apoyándoles en su camino hacia la toma de conciencia con sesiones personales y de grupo.

Gran aficionado a la tecnología y a los viajes, vive en la isla de Gran Canaria y trabaja principalmente entre España e Italia.

Agradecimientos

Marco Cattaneo GOTAM:

Desearía agradecer a Mercedes Cortegiani, maestra de meditación, Reiki y sabiduría, que me ha acompañado en mi proceso de descubrimiento de la intuición durante varios años y que me ha enseñado a buscar dentro de mí las respuestas más importantes;

A Claudia por su valiosa colaboración en todas las etapas del proyecto (entrevista, redacción y edición final), por su amabilidad como practicante de Reiki y Meditación y por la paciencia inagotable que tuvo conmigo;

A cada persona que he encontrado a lo largo de mi camino como practicante, maestro y trainer: a través de ustedes he tenido la oportunidad de conocerme mejor, desarrollando fortalezas y enfrentando áreas de sombra.

Claudia Marchione CAMDA:

Desearía agradecer en primer lugar a Marco, por esta extraordinaria oportunidad, por la comprensión con la que ha contestado a mis preguntas y por su dedicación continua como maestro de Meditación y Reiki.

Agradezco finalmente a ustedes, los lectores, por su confianza y por haber tenido la intuición correcta al leer este libro.

Deseamos agradecer conjuntamente al grupo de revisores que, con paciencia, leyó de antemano este libro, proporcionándonos comentarios útiles para finalizar la obra. También agradecemos a Amazon Publishing que nos permitió publicar y divulgar el libro, manteniendo la autonomía de decisión en cada frase escrita.

Si este libro te gustó, por favor deja tu reseña en Amazon, nos ayudarás a llegar al mayor número de personas posible.

☆ ☆ ☆ ☆ ☆

Índice

No crean en absoluto en lo que digo.
No tomen ningún dogma o libro como infalible.
Buda.